BERNARD CHOCHON

Quand la nuit appelle l'aurore

FRÉMUR
ÉDITIONS

Pour mes enfants.
Pour mes petits-enfants
Quand ils seront en âge de comprendre
La beauté, la simplicité, la mystérieuse profondeur de la vie.

B.C.

Du même auteur

François Mauriac, ou la passion de la terre, Minard, Paris, 1972. (épuisé)

Structures du Nœud de vipères, *de Mauriac. Une haine à entendre*, Minard, Paris, 1984. (épuisé)

Les Hommes et le Pouvoir, Association Saint-Yves, Université catholique de l'Ouest, 1994.

Le Bloc-Notes *de Mauriac. Une poésie du temps,* L'Harmattan, Paris, 2002

« Tous les hommes recherchent d'être heureux. Cela est sans exception [...]. Ils tendent tous à ce but. [...] C'est le motif de toutes les actions de tous les hommes [...].

Tous se plaignent, princes, sujets, nobles, roturiers, vieux, jeunes, forts, faibles, savants, ignorants, sains, malades, de tous pays, de tous les temps, de tous âges, et de toutes conditions. »

Blaise Pascal

Avant-propos

Pascal avait raison. L'homme est un perpétuel assoiffé. Assoiffé de bonheur. Et pas seulement l'homme du XVIIe siècle, son contemporain, mais l'homme de toujours, « l'homme éternel », selon la formule de Chesterton, l'homme antique comme l'homme moderne, l'homme africain comme l'homme européen, l'homme de tous les climats comme de toutes les latitudes, l'homme de toutes conditions – le riche comme le pauvre, le bien portant comme le malade –, bref l'homme universel. Oui, la soif tenaille vraiment l'humanité entière et signe la condition de l'homme : celui d'hier comme celui d'aujourd'hui et celui de demain. Cette soif est constitutive de tout être humain. Elle est le fonds commun. Et la Terre n'est rien d'autre que le pays, que l'espace de cette soif.

Pour peu que l'homme s'observe en toute lucidité et se cherche dans le miroir non déformé de ses rêves et de ses aspirations, il se découvre, non sans tâtonnement, ni parfois, sans émerveillement, le feu central d'une quête qui n'avoue pas son nom. Feu central d'un désir, du désir passionné de crever l'écran des apparences pour aller au-delà, de lever un coin du voile, de palper, fût-ce un instant, l'envers d'une tapisserie dont il ne connaît, sur terre, que l'endroit, lisse, rassurant.

C'est cela la soif : avant tout, dit le Robert, une « sensation correspondant à un besoin de l'organisme en eau ». Or, si cet organisme physique – notre corps – éprouve cette sensation, souvent irrépressible, qui creuse en lui un besoin, non moins physique, d'étanchement, il n'est pas douteux que notre organisme spirituel, si l'on peut dire, – l'envers de la tapisserie humaine – connaisse, lui aussi, ce désir et cette soif.

Sensation ? Non. Plutôt sentiment, car il ne s'agit plus ici d'un simple besoin vital, ni même, parfois, d'une revendication du corps, mais, située à la jointure du cœur, de l'esprit et de l'âme, d'une tentative d'assouvissement qui, pour cette raison même, mobilise nos facultés affectives, intellectuelles, spirituelles. Car la quête de l'au-delà est bien l'affaire de tout l'être. L'expérience du désert le montre suffisamment. Assoiffé, l'homme corporel peut connaître le pire des dépérissements : la mort. L'homme spirituel, lui, qui pourrait ignorer la soif, se trouverait, paradoxalement, coupé de ses sources, et pourrait connaître, lui aussi, l'étiolement.

Si l'on pouvait dresser l'inventaire de toutes les soifs qui habitent, plus ou moins secrètement, le cœur de l'homme, on serait assurément étonné de leur nombre comme de leur diversité. Nombre infini, à l'aune du désir d'infini qui habite, parfois à son insu, tout être humain. Diversité, surtout, et bigarrure des soifs. Bigarrure à l'échelle du bien et du mal. Car la spécificité de la soif humaine est de faire flèche, en l'homme, de tout désir, bon ou mauvais, sain ou malsain, satanique ou divin. Le compas de la soif est sans limites.

Et comme toute grande réalité humaine, la soif possède un double visage. Tournée vers le bien et vers le vrai, elle est soif de beauté intérieure. Tournée vers le mal, elle emboîte, inéluctablement, le pas au prince de ce monde. Elle peut alors se nommer soif de puissance, de haine, de vengeance. Soif de mort et soif de sang. Un Hitler, par exemple. Mais aussi soif d'humilité, d'amour, de vie. Une Mère Teresa. L'homme est capable de tout – dans le bien comme dans le mal, et cette capacité n'a d'autre source, si l'on peut dire, que sa soif même. L'homme est ce qu'est sa soif. Soif d'argent ou de pouvoir, soif de célébrité et de gloire, ou soif d'abaissement et, paradoxalement, de grandissement. Dans sa liberté souveraine, l'homme est capable de connaître et de vivre ces différents états, ces différents « ordres », eût dit Pascal.

Notre soif nous révèle aux autres autant qu'à nous-mêmes. Face à elle, aucune échappatoire possible.

Elle est notre miroir, notre carte d'identité irrécusable, notre compagne de tous les instants. La perdre ? Chose impensable et, d'ailleurs, impossible puisqu'elle est constitutive de notre être même, solidement amarrée à lui, réplique irréfutable de notre visage intérieur.

Mais si la soif humaine existe, en tant que telle, si elle est aussi indissociable de notre être spirituel que le sont nos gènes de notre être physique, force est de constater la foisonnante diversité des réponses apportées. Questionnement incessant venu du fond des âges ou strictement contemporain de la conscience humaine, interpellation trouant la nuit de l'homme d'hier comme de l'homme d'aujourd'hui, la soif apporte-t-elle, au moins, des réponses ? Et le peut-elle ? Il est permis d'en douter.

Certains, sans doute, étanchent – ou croient étancher – leur soif durant leur parcours terrestre, si l'on se fie, du moins, aux apparences : réussite sociale ou professionnelle, célébrité, honneurs, pouvoir, bref la parfaite panoplie – ou soi-disant telle – du bonheur. Or, il y a loin, parfois, des apparences du bonheur à sa réalité, toujours secrète, souvent mêlée. Étanchement ou tentative d'étanchement ? Seul peut le dire celui qui est directement concerné par la question et qui, en toute lucidité et honnêteté, y répond sans fard ni faux-fuyant. Cet homme-là, d'une espèce souvent plus répandue qu'on l'imagine, a cru, dans sa course au bonheur, trouver, enfin, le repos, quand ce n'était, en définitive, qu'illusion. Le bonheur, alors, n'était pour lui que miroir aux alouettes, au sein d'une étrange et immense foire aux vanités : la vie. Cet homme-là, voulant étancher une soif légitime, s'est en fait trompé de soif, en identifiant mal sa nature et ses traits. Ce qu'il croyait être réponse n'était que raccourci, pris hâtivement dans la fièvre de la course. C'est que le bonheur – le vrai bonheur, celui qui tente de durer – s'accommode rarement de chemins de traverse. Il lui faut la continuité de la route, une route longue, âpre, cahoteuse, qui n'a rien à voir avec l'itinéraire de « l'homme pressé », cher à l'écrivain Paul Morand.

À vrai dire, l'homme qui se trompe de soif est souvent aussi celui qui, plus ou moins consciemment, a trompé sa soif dans des succédanés de bonheur. Un homme qui, ce faisant, s'est le plus souvent trompé lui-même, bientôt égaré sur sa route, fourvoyé, sinon acculé à une impasse. Cet homme-là ne cherche rien d'autre que sa propre fuite. Faute d'avoir lucidement envisagé la finalité de son existence, il s'est trompé sur les moyens à mettre en œuvre pour y parvenir.

La soif fait vraiment partie intégrante de la vie humaine et de la personnalité profonde de chacun. L'homme ne peut pas faire l'impasse sur sa soif – ce salubre chiendent si nécessaire à notre jardin intérieur. C'est que les racines de l'homme plongent très loin dans l'Histoire, et qu'il serait vain de vouloir les extraire du sol de l'humanité. La soif spirituelle est aussi indispensable à l'homme que le remède utilisé pour étancher la soif corporelle : l'eau. Pas de vie physique pour l'homme sans eau, mais pas de vie spirituelle, non plus, pour lui, sans désir d'eau, sans recherche d'eau, sans quête d'oasis – cette dernière dût-elle se dérober sans cesse au regard pour devenir, moins qu'un mirage, attente et pressentiment d'un au-delà.

Toute soif appelle une ou plusieurs réponses. Elle peut être murmure informulé, appel ou cri, mais elle est toujours une urgence.

Toute soif appelle des remèdes spécifiques, car elle est toujours reflet de celui qui la vit. Pour l'un, le remède sera la foi ; pour l'autre, l'amour, la beauté, l'éclat du réel ou les fastes de l'art. Pour peu que l'homme y réponde, toute soif porte en elle son propre étanchement.

Toute soif est une nuit. Tout étanchement, une aurore qui s'épanouit en jour. La nuit. L'aurore. Deux points, deux espaces, deux temporalités, distinctes, de l'aventure humaine. Entre ces deux points, un espace, plus ou moins long, d'attente, de désir, de soif ou, au contraire, un espace vide, un désert, sans âme et sans vie, un espace neutre et incolore où il ne se passe rien, d'où est totalement absente la voix du questionnement intérieur, où le pourquoi de l'existence, se heurtant à une porte irrémédiablement close, ne peut s'offrir le luxe du comment.

On l'aura compris, la soif dont il s'agit ici n'est pas n'importe quelle soif. C'est la soif du bonheur, inscrite au cœur de tout homme. Oui ou non, l'homme sur terre peut-il être heureux ? Si la question est simple dans sa formulation, les réponses, elles, fusent de toutes parts, réductrices, partielles, fallacieuses, mais aussi honnêtes et modestes. Oui, l'homme, même l'homme contemporain, si exposé soit-il aux pollutions de tous genres qui menacent son être profond, cet homme ne doit désespérer ni de lui-même ni du monde qui l'entoure. Mais l'homme, aussi, pour être heureux, doit sceller un pacte avec lui-même et, pour cela, avoir l'audace du bonheur. Car le bonheur est un défi. Face à la longue cohorte des sceptiques, des résignés, des désespérés, qui se sentent étrangers dans un monde sans repères, sans boussole, sans finalité, se dresse la colonne volontaire, opiniâtre de ceux qui, loin de détacher leurs regards de la terre, osent néanmoins, quand il le faut, les tourner vers le ciel. Le bonheur est un défi constant pour l'homme d'hier comme pour l'homme d'aujourd'hui, car il suppose une foi et une espérance inébranlables dans la vie qui passe et dans celle qui ne passe pas. L'enjeu n'est pas pour autant surhumain. Il est seulement à hauteur d'homme.

Chapitre I

Repères

Nous vivons une époque cruciale, une époque de crise où nous ne pouvons pas, où nous ne devons pas, sauf à en mourir, rester passifs, somnolents, indifférents. Nous vivons une crise de civilisation. Crise due à un décalage entre les progrès de l'homme, dans la maîtrise qu'il a – ou croit avoir – de la matière, des techniques, des économies, et l'absence, croissante, de grands élans communs, de grands et beaux objectifs, bref d'idéaux, pour trouver le bonheur et le faire trouver autour de soi.

Notre monde est en quête insatiable de bien-être, quand, dans le même temps, son mal-être grandit de plus en plus. L'homme vit de plus en plus protégé. Tout est aseptisé, et pourtant l'homme n'a jamais été aussi fragile. La question n'est pas nouvelle, certes, mais elle revêt aujourd'hui une étonnante actualité.

C'est, en fait, un choix qui se trouve ainsi proposé à l'homme contemporain : celui d'un sens – ou d'un non-sens – de la vie. Un sens, c'est-à-dire une direction, en même temps qu'un défi. Car l'homme d'aujourd'hui, à la différence de l'homme d'hier, errant dans une « forêt de symboles » qui lui faisait lever les yeux vers une réalité transcendante, cet homme tâtonne dans un maquis de signes qui l'assaillent de toutes parts et lui obscurcissent le regard.

Notre époque vit, en effet, une inflation du signe et, corrélativement, une déperdition du symbole.

Le domaine du signe est celui de l'horizontalité, de la terre, du réel et, donc, de l'apparence. Le domaine du symbole, au contraire, celui de la verticalité et, donc, de l'essence. En quête d'identité, notre époque ploie sous les signes, quand elle devrait s'ouvrir au symbole. Signe des temps : la publicité matraque souvent le regard, brouille les repères, obstrue les canaux de la vie intérieure, pollue le cœur, embue les yeux de l'âme. Plus que l'ivresse du signe, l'homme contemporain devrait souhaiter pour lui-même la soif du sens.

Cet homme vit une crise des repères (famille, nation, religion) – crise qu'il vit en lui et autour de lui. Ce qui naguère lui assurait sécurité et stabilité vole aujourd'hui en éclats sous son regard égaré. Le réel ne dépasse plus l'horizon terrestre qu'agrandit, pourtant et toujours, le désir d'un au-delà.

Le « supplément d'être », qui guide l'homme d'aujourd'hui, répond, en définitive, chez lui, à un besoin de sens. Tout dépend ensuite des réponses qu'il fournit. La course au progrès économique, les jeux politiques ou financiers, tous les « mieux-être » proposés aux hommes restent finalement une façon de masquer la vraie quête, de placer le superficiel avant l'essentiel, l'accessoire avant le bien véritable. Cette course est fuite devant la question primordiale, peur de ne pas trouver de réponse ou refus délibéré de l'entendre et de la donner.

En fait, l'homme contemporain est trop souvent guetté par l'indifférence. Or, être pleinement homme, c'est-à-dire avoir conscience de la grandeur de sa liberté, c'est être capable de poser la question essentielle du sens de la vie. À cette fin, il faut faire silence pour entendre la voix intérieure, sans camoufler les vraies interrogations. Il faut y répondre – ou tenter d'y répondre – avec honnêteté. Celui qui refuse ou étouffe en lui toute tentative pour atteindre la profondeur ultime de son être perd, en fait, une part de son humanité.

Une éclipse de l'intériorité

Les raisons d'une telle éclipse sont multiples. Il y a d'abord, en ce domaine comme en beaucoup d'autres, un malentendu linguistique. Serait intérieur ce qui relève, en fait, de l'introspection pure, ou, pire, de l'introversion qui, on le sait, peut prendre un visage pathologique. Il va de soi que l'intériorité, au sens où nous l'entendons, n'a rien de commun avec ces deux pentes, d'ailleurs voisines, de l'esprit. La vie intérieure se plie à un mouvement volontaire de la conscience, quand introspection et introversion sont souvent les proies faciles de la passivité. De plus, si notre civilisation connaît un bond sans précédent dans le développement des moyens de communication, elle subit aussi – et dans le même temps – un choc en retour, non moins spectaculaire, à la mesure de ses audaces technologiques.

En fait, tout se passe un peu aujourd'hui comme si l'esprit humain n'arrivait pas à suivre, encore moins à combler, les sauts prodigieux de la matière. Il s'essouffle et il trébuche, laissant souvent en friche deux facultés précieuses : le cœur et l'âme.

Situation qui n'est pas nouvelle, certes, mais qui s'amplifie et qui, déjà, faisait annoncer à Baudelaire la fin du monde. Selon lui, le progrès était un poison pour l'esprit et pour l'âme. Sans sombrer dans ce pessimisme, force est de constater que le progrès et la tendance, chez l'homme, à jouer à l'apprenti sorcier expliquent pour une grande part, en lui, l'atrophie du spirituel. Car le vrai, le seul progrès réside dans l'individu. Progrès qui consiste, pour l'homme, à améliorer sans cesse son cœur et son âme. Malheureusement, l'attention à l'autre, le respect de l'autre s'estompent et se délitent dans une sorte d'autisme de comportement, proche du somnambulisme. Réalité du monde et réalité des êtres s'évaporent dans les brumes d'une conscience souvent prisonnière d'elle-même. Et le monde et les êtres de tourner alors autour d'elle, telle une toupie, dans un mouvement que rien ne semble devoir arrêter. Rien, sinon parfois une circonstance extérieure – image, bruit, rencontre – qui, soudain, réveille une conscience en proie à la léthargie.

Trop souvent l'homme contemporain, cherchant à « se divertir », au sens pascalien du terme, c'est-à-dire à se détourner de ce qui devrait être, pour lui, l'essentiel :

la conduite de sa vie en vue de son bonheur, cet homme, trop souvent, erre à tâtons, muré dans une bulle de sons et de bruits qui le rendent étranger non seulement à lui-même mais au monde qui l'entoure. Car le bruit – « une des pires saloperies » de notre époque –, pour reprendre les mots du père Guy Gilbert, le prêtre des loubards, ce bruit est partout. Il est certain que nous n'avons pas toujours les moyens de refuser un lieu de travail ou d'habitation, certain aussi que la pollution sonore est envahissante, mais, quand nous sommes libres de nos choix, nous devenons coupables de notre passivité face au bruit.

Au bruit et à la fureur du monde, il ne s'agit pas, en effet, d'opposer sa propre fureur. « Prête-lui » plutôt, disait saint Benoît, « l'oreille et le silence de ton cœur. » Car il n'est de véritables trésors qu'intérieurs, de véritables chemins que ceux qui creusent, en nous, le champ inépuisablement fécond de la vie intérieure. Or, deux obstacles – et deux obstacles de taille – guettent parfois l'homme du XXIe siècle : la dispersion et le relativisme. L'homme contemporain est trop souvent un être d'instants, soumis à des pulsions éphémères, qui s'inscrivent trop peu dans la durée et, encore moins, dans l'éternité. Quant au relativisme – ce mal mou, insidieux, rampant –, il peut être un véritable poison pour l'esprit et pour l'âme. Tout, avec lui, devient l'égal de tout. Tout devient monnaie interchangeable. Tout se vaut et – conséquence logique – rien ne prévaut. Le mal est d'autant plus pernicieux qu'il entraîne souvent dans son sillage un mal non moins redoutable : le scepticisme.

C'est pour cela qu'il n'est peut-être pas de faculté humaine plus fine que le discernement, ni de faculté plus nécessaire et plus précieuse à l'entendement humain. Il faut penser et méditer, encore et toujours, pour éviter de se tromper dans les choix que nous faisons. Léonard de Vinci, dans ses *Pensées* qui sont toujours d'actualité, invitait déjà ses contemporains à soumettre leur esprit à cet effort salutaire. Discernement dans les projets, dans les choix, dans les actes. Notre vie intérieure est, en effet, un vaste centre de tri. Tri de l'accessoire d'avec l'essentiel, tri du matériel d'avec le spirituel. Car notre être spirituel ne peut vivre sans soif d'engagement. L'un implique l'autre. L'intériorité nourrit l'engagement. Elle en est le fondement, avant d'en devenir l'élan.

Plus s'amenuise et se flétrit, en l'homme, le champ de sa réflexion spirituelle, plus risque, aussi, de s'étioler celui de la structuration de la personne dans la conduite de sa vie. C'est une loi de la vie intérieure. L'homme est un tout. Pensée et action, en lui, ne font qu'un, et où va sa pensée va son énergie.

Étroite interdépendance, en l'homme, du physique et du spirituel. Pour l'homme, happé par un monde qu'il ne comprend plus, que souvent il ne maîtrise plus, n'y a-t-il pas déperdition d'énergie ?

C'est toute la question. À l'homme de choisir. À lui d'être attentif et vigilant sur l'orientation qu'il entend donner à sa vie intérieure. Son existence en dépend.

Pour la conduite de sa vie comme pour son progrès intérieur, rien de plus important ni de plus salubre qu'un changement de regard, toujours possible, sur tout et sur tous. On oublie souvent qu'il est essentiel de changer de vue, de changer notre vue, souvent à courte portée, sur les êtres et sur les choses. La changer en vision. La vision, en effet, dépasse toujours la vue en l'intériorisant. Réduite à elle-même, la vue rapetisse l'univers intérieur. La vision, au contraire, l'élargit et le creuse, en l'approfondissant. C'est une question d'optique.

La conversion, qui est, à proprement parler, retournement de l'être, n'est donc pas un état mais un mouvement. C'est un retour à la source de soi-même, à ses origines, à son être profond, pour que l'âme s'y désaltère et y étanche sa soif d'absolu.

LE CŒUR, L'ESPRIT, L'ÂME

Tenter toujours de percer l'opacité du monde à force de pureté, de transparence intérieures. Il s'agit, et il s'agira toujours de purifier en nous la source. Il en est du *cœur* comme du corps : il faudrait toujours en vérifier l'état. Il faudrait toujours être à son écoute, suivre toujours, et en toutes choses, la boussole du cœur, qui ne se dérègle jamais d'elle-même. Seul, en effet, peut la dérégler l'encombrement de soi. Entreprise ardue et laborieuse, tant le cœur de l'homme est prompt à l'endurcissement. La purification intérieure et le dépouillement de soi sont les deux voies d'accès à la guérison du cœur, de toutes la plus importante, car d'elle dépendent, en grande partie, toutes les autres, parfois même la guérison du corps. Le cœur, cette faculté la plus intime de notre être, est, en effet, premier dans l'homme. Il est création de Dieu qui, seul, en connaît tous les arcanes et tous les labyrinthes.

Dans sa vulnérabilité même, le cœur de l'homme ne peut être porté que par le cœur d'un autre – ou de l'Autre. C'est pourquoi l'éducation du cœur est l'une des plus belles entreprises humaines. Le cœur n'obéit pas à un réflexe de classe mais à un mouvement authentique de la personne qui suscite le respect. Car le respect est de l'ordre du cœur. Il est le regard du cœur. Et il serait bon parfois de jardiner son cœur, de le labourer, afin d'y jeter des graines nouvelles, d'y faire une nouvelle récolte à la hauteur de nouvelles promesses. Jardiner son cœur, pour pouvoir quitter ce moi « formaté » par le monde moderne, préfabriqué par tout ce qui l'entoure, lui sert de prêt-à-penser, de prêt-à-agir, qui lui vient aussi de son éducation, de son milieu, afin de se créer, peu à peu. Passer de notre désir instinctif de bonheur à la construction d'une vraie liberté, celle qui donne un bonheur digne de l'homme. Cultiver son cœur et son âme pour quitter « l'épidermique », le superficiel et atteindre ce qu'il y a de plus beau et de plus profond dans l'homme.

Sans l'intelligence, il est bien difficile de saisir les rapports entre les choses, les événements, les êtres. Bien difficile, aussi, de s'adapter aux conditions imprévues, et de tous ordres, qui jalonnent la vie. Mais sans le cœur, il est impossible d'accéder à la vérité des êtres, à leur essence, à leur mystère. Chez l'homme, l'intelligence n'est jamais que la servante du cœur, et c'est souvent en s'abaissant qu'on trouve, ou qu'on retrouve, le chemin du cœur. C'est souvent en baissant les yeux qu'on élève son âme, car l'homme n'est jamais si grand qu'à genoux.

L'intelligence du cœur : la seule véritable intelligence, la seule qui vaille, en définitive, dans nos rapports avec autrui. L'orgueil et l'autosuffisance peuvent dessécher le cœur et éteindre l'amour. L'intelligence du cœur, elle, est tout le contraire. Elle est chaleur et nourriture de l'amour. Il s'agit sans cesse, pour nous, de guérir la tête par le cœur.

Les plus grandes victoires ne sont pas, en effet, celles de l'intelligence, mais celles du cœur. Sans amour, l'intelligence reste froide, raide, empesée. Avec l'amour, elle est joie, justice, paix. L'intelligence pure n'est souvent centrée que sur soi et sur ses propres spéculations. Le cœur, lui, est avant tout tension vers l'autre, créature ou créateur. L'intelligence est un état, le cœur, un élan.

Or, quand, dans l'homme, l'esprit n'est pas corrigé, rectifié par le cœur, il y a fort à parier que, tôt ou tard, l'appétit de puissance viendra lui gangrener le cœur. Quand le cœur, seul, tend à prendre les commandes de l'être tout entier, aux dépens de l'esprit, on peut craindre l'emballement de toute la machine humaine. *In medio stat virtus* : la vertu se tient au milieu. La sagesse, en tout, fuit les extrêmes, mais s'il fallait choisir entre le cœur et l'esprit, c'est au cœur que doit toujours aller la préférence, car un cœur bien guidé, un cœur à l'écoute permanente de la conscience, ne peut se tromper. Le cœur de l'homme, c'est sa marque propre, son *ingenium*, son génie. Et si le cœur et l'esprit entrent en conflit, c'est toujours le cœur qui doit avoir le dernier mot, car le cœur obéit à l'instinct dans ce qu'il a de plus noble : l'élan, au lieu que l'esprit obéit au seul raisonnement. Il faut donc, toujours, oser le pari contre les constructions hasardeuses de l'esprit. Les paris, souvent, renouvellent le cœur.

Les hommes ont soif de bonheur, mais sont trop souvent la proie d'un bonheur facile, constitué des seules satisfactions matérielles. L'appétit de bonheur ouvre d'autres perspectives qui tendent, toutes, vers le désir, conçu comme moteur essentiel de la vie. Ainsi pourront-ils s'engager dans un processus de transformation de leur existence. Pour cela, il sera bon parfois, dans le tumulte de la vie, d'écouter son âme, pour mieux l'apaiser, jusqu'à ce qu'elle se taise dans la contagion du silence.

L'âme est le siège et la source de la soif spirituelle. Il est ainsi des écrivains de l'âme, des musiciens de l'âme, des peintres de l'âme. Mozart par exemple, faisait partie de cette constellation – lui dont l'œuvre entière retrace un douloureux combat, gagné finalement par la lumière sur les puissances de la nuit. Avant lui, Haendel et Bach furent les musiciens de la jubilation intérieure, comme de nos jours un Olivier Messiaen. En réalisant les vitraux et la décoration de la chapelle Notre-Dame du Rosaire à Vence, Matisse, au terme de sa vie, rejoignait au panthéon des peintres un Fra Angelico qui, par la douceur et la suavité de ses coloris, par la limpidité de sa lumière, donne déjà un avant-goût de la vision bienheureuse. Quant au Greco, par l'allongement symbolique des formes humaines et la recherche audacieuse des phosphorescences, il traduit, mieux que quiconque, la mystique de l'âme espagnole. Vermeer, pour sa part, miracle de transparence, parvient à réfracter un rayon d'éternité à travers le quotidien et l'éphémère.

C'est ainsi que l'art, sous toutes ses formes, agrandit l'âme dont il révèle les différents mouvements. L'art apprend à penser. Il nous imprègne aussi de sa beauté en nous faisant grandir et entrevoir la perfection. Entreprise difficile, dans notre monde de « divertissement », que de laisser son cœur et son âme se remplir de beauté.

C'est le cœur, sans doute, qui façonne le mieux le visage, mais c'est l'âme qui lui apporte sa dernière touche.

DU SACRÉ

Contradiction ? Paradoxe ? Il est surprenant que notre époque, pourtant si enlisée, en apparence, dans le matérialisme, conjugue à parts égales négation et goût du sacré. Haine véhémente, dans le rejet, ou indifférence clairement affichée, enthousiasme d'un jour qui peut s'ancrer dans la durée, le sentiment du sacré ne laisse, aujourd'hui, personne indifférent.

Depuis le XIXe siècle, les sciences et les techniques ont développé de façon extraordinaire les conditions d'existence dans tous les domaines. Il est certain que, même si le progrès peut être détourné de ses objectifs positifs et devenir source de mort et de déchéance, plutôt que de vie et de bonheur, la puissance scientifique, qui est celle de l'homme moderne, lui donne confiance en ses propres pouvoirs. Le progrès a anéanti l'idée de fatalité, qui faisait dire à l'homme : « c'est ainsi », devant ce qu'il ne comprenait pas, mais surtout il a désacralisé la nature, puisque les forces scientifiques permettent aujourd'hui de la dominer, de la maîtriser ; la nature, désormais, n'est plus sacrée.

Aujourd'hui, la foi en Dieu, la foi en un dieu, quelle que soit la religion, apparaît trop souvent comme un obstacle à la connaissance et à l'espoir. Il y a une caricature du sacré, qui consiste à dire que la religion sert de consolation à l'homme déçu ou ignorant. Et pourtant, en même temps que cette désacralisation, on constate une re-sacralisation du monde, mais avec un excès qui va jusqu'à la banalisation. On sacralise tout : le progrès, un chanteur dont on fait une idole. On va se recueillir sur la tombe de Che Guevara ou sur le mausolée de Lénine. L'homme a, et aura, toujours besoin de sacré, car il éprouve le besoin de vivre plus intensément, de dépasser ses difficultés quotidiennes, ses soucis, d'oublier sa fragilité qui engendre chez lui peur et angoisse en le conduisant parfois au désespoir. L'homme veut une vie sans limites, sans faiblesse, sans contraintes.

Finalement, ce qu'il cherche, inconsciemment, c'est une force, une puissance, un être capable de répondre à son attente, de lui faire connaître l'éternité, selon Nietzsche. Et, dans le monde moderne, l'homme choisit, cherche ce qui peut répondre à cette attente, comme autrefois les Anciens qui sacralisaient les puissances du cosmos : la lune, les fleuves, le soleil. Aujourd'hui, cet homme cherche un sens dans la puissance qu'offre la race (Hitler), ou la guerre, ou le chef (Che Guevara, Staline) ou encore l'argent, l'automobile, la star. Sacraliser est un besoin et un désir constants de l'humanité, et l'homme d'aujourd'hui sacralise d'autant plus qu'il est plus angoissé. Les dieux ont changé : le soleil et la lune sont devenus le Chef ou la Propriété. Sont aussi sacralisées les structures sociales ou politiques. Or, pour que disparaisse cette pseudo-sacralisation, il faudrait que se lève une vraie espérance. Le drame de l'homme moderne consiste à mettre sa foi dans des puissances aliénantes. C'est pourquoi, tant qu'il persistera à placer son espérance dans des forces qui ne peuvent que l'asservir, il ne pourra s'ouvrir à la foi en une force absolue que les chrétiens appellent Dieu, et qui est libération.

À la racine du sacré, il y a ce que les Grecs appelaient le *thambos* – cet étonnement teinté d'admiration devant toute chose ou tout être créé. Or, c'est peut-être ce sentiment d'émerveillement, mêlé de crainte devant tout ce qui le dépasse et l'interroge dans ses profondeurs – êtres animés ou inanimés, institutions, divinités – qui fait parfois si cruellement défaut à l'homme du XXIe siècle. À quelle époque, en effet, a-t-on autant parlé de crise du sacré, de déperdition du sacré, mais aussi de quête du sacré, par une sorte de compensation, de juste rééquilibre ? Quête qui, souvent, se dissimule sous l'expression pudique de « quête de sens ».

Tout est devenu interchangeable, y compris le langage, mais ce qui ne l'est pas et ne peut pas l'être, c'est l'interrogation éternelle de l'homme, c'est son cri, étouffé, devant ce qui le dépassera toujours : le sentiment du sacré, dont le caractère transcendant fonde son existence même. L'un des fléaux de l'époque contemporaine permet de prendre toute la mesure de cette déperdition du sacré au cœur de l'existence : un risque de banalisation dans ce qui, naguère encore, était considéré comme simple, comme grand, comme beau. Trop peu de nos contemporains, semble-t-il, osent prendre le temps de s'extasier devant un coucher de soleil, fût-ce sur le Mont Blanc. Trop peu osent s'émerveiller devant le scintillement d'un brin d'herbe sous la rosée du matin, ou admirer, étonnés, l'éclosion progressive d'une rose dans l'éclat virginal d'un mois de mai.

L'homme contemporain passe ainsi, trop souvent, à côté de l'essentiel qui lui est, pourtant, si proche, et qui devrait lui être si familier. Il passe souvent sans s'arrêter. Il passe à côté du mystère qui lui est pourtant si nécessaire – aussi nécessaire à l'épanouissement de son être que l'air qu'il respire. Il passe. Le mystère de la nature ? Un rêve pour poète, dont l'homme n'a souvent que faire, au siècle de la surconsommation et de la vitesse. Ce mystère, qui ne rencontre parfois qu'ensevelissement et oubli, quand ce n'est pas simple haussement d'épaules, tandis que la merveille de la création ne suscite souvent qu'indifférence polie.

Pourtant, le contact avec le sacré engendre souvent, chez celui qui le vit, une très forte émotion à la mesure de l'étonnement qui le saisit. L'homme ne s'habitue jamais au sacré ni à tout ce qui, d'une manière ou d'une autre, le dépasse. Le sacré, pourtant, devrait être son espace naturel, un espace à mi-chemin entre le créé et ce qui est source, en lui, de recréation intérieure : son cœur. Émotion devant la face vierge de la création. Émotion devant l'inconnu, devant la grandiose simplicité du réel. Au contact du sacré, l'homme reconnaît son identité primordiale : il sait d'où il vient et où il va.

Il sait qui il est. Le sacré devient ainsi chemin de connaissance de soi.

Les institutions, quant à elles, semblent, dans ce contexte, loin des préoccupations contemporaines. Secrètement ou ostensiblement bafouées, souvent contournées, sinon subtilement utilisées à des fins personnelles, leur crédibilité tend à décroître dans un mouvement inversement proportionnel au règne et au culte de l'individu. L'individu est roi. Or, rien de mieux, pour clamer et afficher cette royauté, que de fouler, que d'ignorer – ou de feindre d'ignorer – ce qui le dérange : le mystère et son corollaire : le sacré. Sociale ou familiale, l'institution tend à être reléguée aux oubliettes de l'Histoire, alors que le bonheur s'ancre dans la durée et que son apprivoisement suppose maturation et progressivité.

Ainsi le sacré fait-il souvent figure d'oublié. Oublié, mais non bafoué. Car l'homme contemporain n'est pas un homme sans mémoire, un « voyageur sans bagages », pour parler comme le dramaturge Jean Anouilh. C'est un homme qui se souvient, qui a une mémoire à la mesure de son histoire et de son aventure spirituelle. Une mémoire qui, souvent, se teinte de nostalgie. Nostalgie des origines, selon le mot de l'historien des religions Mircea Eliade. Et nostalgie empreinte de sacré.

Naufrage du sacré en ce début de XXIe siècle ? Rien de moins sûr, car l'homme – l'homme de toujours –, consciemment ou non, est souvent un être de quête. Et toutes les occasions lui sont bonnes pour côtoyer le sacré, pour le rencontrer et en vivre. Musique, sacrée ou non, chant, peinture, poésie, tout peut se sacraliser sous un regard intérieur. L'homme peut faire son miel de tout ce qu'il voit, de tout ce qu'il ressent, de tout ce qu'il vit. Être essentiellement religieux, c'est-à-dire lié à la divinité, il restera toujours avide de sacré. En réalité, l'homme contemporain vit un perpétuel pèlerinage vers ses sources : quête d'identité, quête de ses racines, quête d'une patrie antérieure.

Oui, notre époque est secrètement habitée, traversée, dans sa quête de l'au-delà, par l'idée du sacré. Dans tout désert finissent par sourdre l'eau et la lumière. Veut-il étancher sa soif d'infini, l'homme peut se rassurer : l'infini de la création n'affichera jamais « complet ».

Qu'est-ce que l'homme ?

L'interrogation n'est pas nouvelle, et si Pascal est sans doute l'un des premiers à l'avoir posée en tentant de lui donner une réponse, la formulation, explicite ou non, traverse toute l'histoire de l'humanité. L'homme est une énigme, pour lui-même comme pour les autres.

Qu'est-ce qu'un homme ? C'est un vivant qui refuse d'être une chose parmi les choses, de n'être qu'un élément parmi les autres éléments. Infime partie du cosmos, il l'est, certes, mais il est aussi le seul être au monde qui ait assez de conscience pour éprouver, espérer, souhaiter, vouloir, tout en mesurant pleinement ses limites. L'homme est indissociable de la nature où il est incarné. Prisonnier de ses limites, il ne rêve pourtant, souvent, que d'une action entièrement soumise à ses désirs comme à sa volonté.

N'en déplaise à Rousseau, l'homme n'est pas, naturellement, bon. Il naît bon et mauvais à la fois. C'est sa nature d'homme, liée à son origine. Nul besoin d'incriminer une civilisation qui l'aurait corrompu et aurait ainsi ruiné, en lui, son bonheur primitif. Ce sont les circonstances, les événements diffus de la vie qui développent en l'homme ses capacités à être bon ou méchant. L'histoire de l'humanité abonde ainsi en génies du bien et du mal. C'est un Maximilien Kolbe et un Pol Pot. À l'inverse de l'animal, l'homme est doté d'une conscience et, comme tel, est capable du meilleur comme du pire. Il peut être incarnation du bien ou incarnation du mal. Il peut raffiner de cruauté comme resplendir de générosité. Le monde est un immense tableau où le mal sert souvent de repoussoir au bien.

Il faut le reconnaître : ses paroles emportent souvent l'homme au-delà de lui-même et de ses intentions profondes. Généreux en pensée, l'homme ne l'est pas toujours dans ses actes, car ses actes l'engagent, et rien ne lui importe plus que sa liberté. Nous voulons souvent, sans pouvoir réellement. Et c'est sagesse que de reconnaître, en soi, ce décalage. C'est lucidité que d'en prendre conscience.

Nous sommes mouvement et recherchons sans cesse l'unité. Nous sommes assoiffés de bonheur et nous n'enfantons parfois que tristesse. Nous sommes faits de lumière, et la grisaille est souvent l'habit de nos jours. Nous sommes des êtres de tendresse et nous nous épuisons souvent en vaines querelles. Nous sommes faits pour la beauté et nous succombons parfois aux contorsions de la laideur. Nous sommes nés pour la bonté, quand trop souvent le mal nous harcèle et nous submerge. Nous sommes faits pour la sagesse et nous n'entendons souvent que les sirènes de l'illusion. Nous sommes faits pour la mesure quand tout notre être clame sa volonté de démesure. Nous aspirons au ciel quand tout notre être se crispe sur la terre, car l'homme doit être sol avant de se faire ciel. Oui, l'homme a en lui le ciel et la terre, et c'est là sa grandeur. Être un homme, c'est donc exister en acceptant sa finitude, c'est réussir à dominer les contradictions de la vie et parvenir à les résoudre sans les nier.

Ainsi l'homme doit-il sans cesse s'efforcer de s'arracher à l'immédiateté, dépasser le « ici et maintenant », dans ses apparences trompeuses, pour passer, pourrait-on dire, d'une existence perdue à une existence retrouvée, passer de la nuit à l'aurore. Il doit accepter, pour mieux la dépasser, la profonde insatisfaction que lui procure la conscience de sa « pesanteur », afin d'accéder à la « grâce », pour reprendre les mots de la philosophe Simone Weil. Perpétuel insatisfait, il y a chez lui duplicité, mais aussi quête d'unité. Partie du Grand Tout, l'homme ne peut vivre qu'en harmonie avec le monde qui l'entoure. Voilà pourquoi le respect devrait être l'une des lois fondamentales de la vie sociale. Élan vers les sommets, mais aussi salutaire retour dans la vallée, montée et descente, exaltation et acceptation de soi : l'homme, être de mouvement et d'instabilité, sera toujours à la recherche d'un point fixe, aussi vital que fuyant. Chez l'homme, pas de corps sans âme, ni d'âme sans corps, du moins ici-bas. Dualité ? Sans doute, mais jamais dualisme, jamais durcissement de cette dualité naturelle, foncière. Le corps et l'âme : deux principes qui ne sont pas nécessairement irréductibles.

Il nous faut donc accepter cette finitude qui est la nôtre, tout en sachant qu'elle est un appel vers une plénitude. Car l'homme est un être de pensée, et c'est cette pensée qui le conduit vers la vérité et la liberté. Or, cette dernière exige de lui un détachement des contingences immédiates ; ainsi est-ce une des grandes limites de l'homme que cet écart entre ses appétits particuliers et l'intérêt commun. Prise de conscience qui révèle à l'homme sa faiblesse, ses limites, en même temps que sa grandeur et sa force. Car l'être humain ne s'aliène que s'il pense et agit uniquement pour satisfaire ses penchants, provoquant ainsi, selon la belle formule de saint Jean de la Croix, « l'embonpoint de l'âme ».

Ainsi la liberté doit-elle être pour l'homme à la fois œuvre à construire et conquête, car il y a en lui le désir de trouver, de retrouver ce qui l'habite : la vérité et la vie. « Tu ne me chercherais pas si tu ne m'avais déjà trouvé », disait Pascal.

L'homme est nécessairement insatisfait, déchiré qu'il est entre sa soif d'absolu et la conscience de sa finitude. Mais c'est cette lutte au cœur de sa conscience qui peut le conduire à postuler l'existence d'un Dieu capable de réconcilier en lui ses aspirations contradictoires. Refuser ou accepter sa condition : l'homme est face à un choix. Il est libre, car nous ne sommes pas « condamnés à être libres », selon le mot de Sartre, mais invités à accepter nos limites, quand notre être tout entier clame son désir de les dépasser. Certes, la tâche est rude. La marge de manœuvre de l'homme est étroite. Nul, en effet, ne peut se targuer d'assumer pleinement ses limites, s'il reconnaît lucidement qu'elles sont partie constitutive de son être. Le champ des limites humaines est, en effet, sans limites, car sa mesure – sa seule mesure – est celle de l'individu. Champ à labourer sans cesse, car les limites de l'homme ont la vie dure.

Si l'homme pressent un port, la traversée de sa vie se charge sans cesse de lui rappeler que son esquif peut, à tout moment, faire eau de toutes parts. La soif de dépassement n'est pas incompatible avec l'acceptation des limites. Au contraire, elle en est l'humus nécessaire, l'indispensable terreau. La vie humaine est un ressort qu'il est bon parfois de libérer pour montrer qu'elle est, avant tout, un élan et une quête vers un ailleurs.

Quête d'une liberté à conquérir, à construire. Loin d'être l'« esclave de l'univers », dont parle Engels, loin d'être une « corde lancée sur l'abîme », comme le voudrait Nietzsche, l'homme, au contraire, est cet être que le Créateur, parce qu'il respecte profondément sa créature, a voulu libre. Libre de ses choix. Celui de rester prisonnier d'un monde où le mal fait contracter à l'intelligence « les graisses spirituelles » qui le paralysent, pour reprendre le mot d'Evagre Le Pontique, ou celui de répondre à l'appel du dépassement et de la grâce. L'homme devient alors créateur à l'image de Dieu, car Dieu nous révèle à nous-mêmes. Il nous révèle la grandeur de notre liberté et nous fait sortir de nos nuits, parce qu'Il nous laisse libres d'accepter la grâce. Il donne à l'homme toute sa grandeur d'être libre, créé à son image et à sa ressemblance.

Chapitre II

Ombres

De deux choses l'une : ou bien le mal et son corollaire, la souffrance, ont une explication, ou ils n'en ont pas. Dans le premier cas, l'homme, en dépit de ses souffrances, est un être d'espérance. Pour lui, l'univers n'est pas un ensemble de rouages mécaniques qui le broierait aveuglément. Son mal – qui est à l'origine de son malheur – a une cause : le péché originel. Dès lors, l'homme n'est pas un naufragé, un être en perdition. Dans le second cas, le monde qui existe, mais qui aurait pu ne pas exister, est l'enjeu de forces irrationnelles. Forces qui s'ingénient à semer trouble et frayeur à l'intérieur comme à l'extérieur de l'être humain. Réduit à son seul pouvoir, mais refusant aussi toute explication surnaturelle à ce qu'il considère comme un état de solitude et de profond abandon, l'homme est tenté par l'absurde d'une vie dépourvue d'espérance, condamné qu'il est à cogner ses ailes contre les froides et étroites parois du réel.

Que choisir ? Qui choisir ? Et si, au-delà de toute souffrance, perçait une infime lumière, un frêle rayon d'espérance ? « Quelle insolence que le choix ! », s'exclamait Gide. En proie à une indécision passionnée face aux choix de l'existence, l'homme fera-t-il sien cet amer soupir ?

Sur l'affiche publicitaire du film *Dragon rouge* sorti en 2002, on pouvait lire : « Pour comprendre le Mal, il faut retourner à ses origines. »

Comment nuit et mort, ces deux forces apparemment négatives et destructrices, peuvent-elles aussi symboliser la soif ? Le paradoxe est incontestable, que seules peuvent lever une connaissance profonde de la vie et une intuition mystérieuse de l'au-delà. Tel est le domaine de l'œil intérieur, qui pressent plus qu'il ne voit, qui contourne le réel comme pour mieux scruter l'invisible. Ambiguïté de l'existence et de la destinée humaines. La soif peut étoiler la nuit, la lumière étoiler la mort.

L'ÉNIGME DU MAL

Impuissant à relativiser ses soucis, ses peines, ses souffrances, l'homme se croit souvent victime du malheur. Depuis que l'homme est homme, et aussi longtemps qu'il le sera, c'est-à-dire jusqu'à sa mort, il sera confronté au problème du mal. Vieux problème, et aussi vieux que lui ! Le mal et son cortège d'interrogations taraudent sa conscience sans relâche.

Le mal est partout présent, multiforme. Les hommes meurent, les êtres qui s'aiment sont séparés, la femme devient veuve et l'enfant orphelin. La souffrance est là, comme la maladie et la vieillesse, la cruauté, la guerre, la méchanceté, la bêtise, le mensonge, l'impuissance, l'ennui. Comment le nier ? Et comment l'être souffrant – et celui qui voit souffrir – pourrait-il ne pas crier instinctivement : « Pourquoi ? Pour quoi ? À cause de quoi ? À cause de qui ? »

Le mal est une énigme. Il est l'énigme, et sans doute faut-il l'avoir expérimenté au plus profond de soi pour dire ce qu'il est – ou tenter de le dire. On le sent bien : la suprématie (certains diront le scandale) du mal consiste à échapper à toute explication rationnelle, et sa morsure, poison majeur de la condition humaine, n'épargne personne.

Pourquoi ? Pour quoi ? À cause de quoi ? À cause de qui ? Ces questions trouent la nuit des temps, sans que des réponses leur soient toujours apportées. L'interrogation sur le mal accompagne inéluctablement le mal lui-même, rendant souvent la peine encore plus vive, parce que plus vaine et plus dérisoire. Certes, lorsque la cause d'un mal est facilement identifiable, la solution, du même coup, apparaît relativement facile à trouver : il faut édifier une digue à un endroit précis pour se prémunir contre le débordement du fleuve, il faut rechercher et punir les criminels pour que personne n'ait intérêt à tuer ! Des règles pratiques voient progressivement le jour pour lutter contre tel ou tel fléau, contre telle ou telle forme du mal. Les hommes se forgent des lois en même temps qu'ils essaient de définir celles des choses.

Et si le mal, « cette énorme aspiration du vide, du néant », dont parle Bernanos, n'avait pas de cause réelle, si ce poulpe insaisissable n'offrait aucune cible au regard humain ? L'homme reste muet et parfois atterré devant cette interrogation qui constitue pour lui l'interrogation suprême. Le mal ne serait alors que l'autre nom d'un mystère qui vrille la conscience humaine depuis les origines. Et puisqu'il y a mystère, l'homme serait-il capable, par ses seules ressources, d'y apporter réponse ?

Pourquoi le mal ? De Confucius à Lao Tseu, d'Homère à Euripide, de Platon à Aristote, de Nietzsche à Malraux, cette question a une source commune : la quête de sens qui, depuis toujours, est aussi vive au cœur de l'homme, car de la réponse à cette question dépend pour lui l'orientation, le sens à donner à sa vie.

Blessures. L'homme les expérimente chaque jour, sans chercher nécessairement à en déceler l'origine. Car la nature humaine est une nature blessée, dans son corps, dans son cœur, dans son esprit, dans son âme. Et la question, pour l'homme, est de savoir s'il peut y remédier ou non.

La souffrance constituera toujours pour l'homme une surprise, tant que, du moins, il ne l'aura pas vécue vraiment. Car, pour tendre la main à ceux qui peinent, il faut avoir souffert comme eux, avec eux. Oui, la souffrance surprendra toujours parce que, quel que soit le tour imaginé pour tenter de la définir, elle restera, pour l'homme, théorie, abstraction, pure fabrication de l'esprit.

Or, rien n'est moins abstrait, ne devrait être moins abstrait, que la souffrance. La souffrance imaginée, mieux vaudrait ne pas en parler, tant le discours, sur elle, paraît vain, dérisoire. La souffrance réelle, au contraire, bien concrète, parce qu'elle est souffrance vécue, gomme la distance : elle atteint sur-le-champ, et à l'improviste, l'être même. D'ailleurs, les plus grandes souffrances sont sans doute les souffrances d'amour, parce que l'amour, quelles que soient ses formes, est le terreau de toute existence.

Et parce qu'elle est la conséquence directe de notre radicale finitude, la souffrance est toujours pour l'homme meurtrissure quand elle n'est pas source de rébellion. Elle enveloppe l'homme d'un des plus grands mystères qui soient. Et si la souffrance peut frapper l'homme de stupeur, c'est qu'elle creuse en lui son sillon de mystère, opaque à l'entendement humain. Même prévue, même annoncée, elle demeure une étrangère, une inconnue. Elle dérange, elle déroute, car elle est toujours différente de ce que l'on imaginait. Elle est haïssable parce qu'elle oblige celui qui la vit, celui qui l'endure, à se déposséder de ce qu'il était pour accepter qu'elle mette en lui quelque chose qui vient d'ailleurs. Mais surtout le mal, la souffrance peuvent être scandale, car, face à cette interrogation, aucune réponse, aucune solution ne paraît satisfaisante.

Si l'homme se trouvait, finalement, sans réponse face au mal, face à l'étrangeté du mal, face au « scandale » du mal ? S'il devait, sans alternative possible, errer dans la nuit pour n'y trouver que le mur de l'absurde, tel Roquentin, le protagoniste de *La Nausée*, de Jean-Paul Sartre ? C'est ce scandale-là que dénonce aussi Céline, pour qui l'homme cherche en vain un chemin, dans une vie qui ne connaît que l'hiver et la nuit. Car cette question ronge l'homme depuis toujours, et depuis toujours, l'homme tente des explications en ébauchant des réponses. La souffrance serait un châtiment. L'homme souffrirait parce qu'il a péché. Mais la Providence, dira-t-on ? Mais Dieu ? Chacun peut se reconnaître dans cette interrogation insistante qui n'est autre qu'un cri étouffé. Certains estimeront peut-être que c'est faire un mauvais procès à Dieu et à la Providence que de leur faire endosser une responsabilité à laquelle ils n'ont pas de part. La maladie, d'ailleurs, rétorquera-t-on, ce n'est pas Dieu qui se venge. Les maladies, les guerres, cela ne tombe pas du ciel, c'est dans la nature des bêtes, dans la nature des hommes.

Pour d'autres, la souffrance serait purification. Musset, dans un vers resté célèbre, écrivait :

« L'homme est un apprenti, la douleur est son maître. »

Mais pourquoi faudrait-il que, pour grandir, l'homme passe nécessairement au creuset de la souffrance et connaisse le mal ? Si la douleur est purification et avertissement, il est permis de se demander s'il n'existe pas des « signaux » qui ne fassent pas souffrir. Ne pourrait-il pas y avoir d'autres maîtres que le mal et la souffrance ?

D'autres ont voulu voir dans le mal l'élément indispensable d'une réalisation plus vaste, le passage obligé, en quelque sorte, pour permettre au bien de l'emporter. Le mal se comprendrait alors comme l'élément d'un ensemble plus vaste, comme la partie d'un tout, le pan d'un tableau qu'il faut regarder tout entier, avec recul, un tableau en clair-obscur, où l'ombre sert de repoussoir à la lumière. Hitler ne pensait pas autre chose quand il souhaitait éliminer les Juifs pour que l'humanité soit purifiée ! Un mal pour un bien ! Tout comme Staline qui, pour « améliorer le monde », supprimait, en les envoyant au goulag, ceux qui s'opposaient à son régime. Ainsi, pour certains, au cours de l'histoire de l'humanité, le mal perd-il son caractère de mal quand il se situe dans une perspective à long terme. C'était la théorie de Leibniz pour qui le mal n'était plus le mal si on le concevait comme une étape du Progrès. On peut alors s'interroger sur la notion d'harmonie, si elle présuppose la souffrance de l'homme et le mal…

Ainsi l'homme se heurte-t-il sans fin à cette question lancinante. Car, même si l'on peut estimer que c'est la liberté humaine, mal employée, qui est source de malheur, on ne supprimera pas le scandale du mal et de la souffrance chez un être qui souffre, sans être responsable de sa souffrance. Toute tentative humaine pour expliquer le mal semble vouée à l'échec, comme toute argumentation, dérisoire.

Si Dieu n'existe pas, l'homme peut se sentir condamné à vivre sa condition mortelle, sa finitude, et à la vivre au plus intime de sa chair. L'homme se sent abandonné, n'ayant personne en face de lui à qui s'en prendre, puisqu'en face il n'y a rien. Le monde devient absurde. Mais ce monde mal fait, qui a pu le faire ainsi ? Personne n'en est responsable. Pourquoi l'homme se plaindrait-il, alors, qu'il soit mal fait ? Il est seulement le fruit du hasard, et se révolter contre le hasard n'est pas raisonnable, n'a pas de sens.

Mais si Dieu existait ? Nous avons alors quelqu'un à qui nous pouvons demander des comptes... Pourquoi, oui, pourquoi Dieu a-t-Il fait ce monde, livré, en définitive, à l'empire de la mort ? C'est la question la plus directe et la plus radicale que pose, sans doute, à Dieu la conscience contemporaine. *La* question. L'existence du mal est, en effet, la plus grande objection élevée contre Dieu. « À supposer que Dieu ait fait ce monde », s'insurge le philosophe allemand Schopenhauer, « je n'aimerais pas être ce Dieu-là, car la misère du monde me déchirerait le cœur. » Mais précisément, si Dieu existe, et si nous pouvons Lui poser une question, nous devons aussi écouter Sa réponse. Sans Dieu, le monde se heurte à un mur. Avec Dieu, il heurte à une porte.

En fait, et à y regarder de près, le monde créé peut-il être autre chose qu'un monde de finitude ? La question est d'importance. Le monde, en effet, n'est pas

Dieu. Le monde ne peut pas être Dieu. Et l'univers ne peut être que mortel. Pour Dieu, créer, c'est nécessairement faire exister quelque chose en dehors de Lui. C'est, si l'on peut dire, créer du *tout autre que Dieu.* Sinon, Il n'aurait rien créé, Il serait resté Lui-même, tout seul, éternellement solitaire.

Le mal serait-il donc une impasse ? Rien n'est moins sûr. Et si, pour quitter la nuit du mal et apercevoir l'aurore, il fallait chercher une autre voie ? Il n'y a pas, en effet, pour l'homme, être fondamentalement libre et responsable, de fatalité du mal. Tout dépend seulement de la réponse qu'il lui apporte. Réponse qui peut être, parfois, remise en question de choix personnels, mais toujours salutaire retour sur soi. « Seul le bien, faisant face au mal sans subir la contagion, triomphe du mal », disait Tolstoï. Et Gide lui-même à la dernière page de ses *Nouvelles Nourritures,* écrivait : « Camarade, n'accepte pas ; du jour où tu commenceras à comprendre que le responsable de presque tous les maux de la vie, ce n'est pas Dieu, ce sont les hommes, tu ne prendras plus ton parti de ces maux [...]. Travaille, et lutte, et n'accepte de mal rien de ce que tu pourrais changer. »

Si Gide se livre à cet aveu, convenons que la porte est largement ouverte à la question fondamentale du sens de la vie, à un dialogue entre athées et chrétiens, qu'il existe entre eux des chemins parallèles, tout proches, parfois, de la convergence. Au cœur même de la foi chrétienne peut, en effet, se manifester un doute, non pas destructeur, proche du scepticisme, mais un doute sincère, libérateur et, pour tout dire, purificateur. Car dès que la foi, qui anime l'existence, n'existe plus, il ne reste que le vide, la négation ; on est alors tenté de rejeter la faute sur tout autre que lui. L'homme fait endosser le mal à une puissance dominante ; il perd tout sens critique pour expliquer les causes et les responsabilités inhérentes au mal. Le mal : une énigme ? Sans doute, mais rien qu'une énigme, un mystère auquel seule la foi – toute foi – peut servir d'antidote.

Or, l'homme n'est-il pas invité à rejeter une explication du mal qui, de toute façon, sera incomplète, fausse, stérile pour s'orienter vers une attitude concrète ? Il faut renoncer à trouver des explications aux maux humains, si injustes soient-ils. Les malheurs ne sont pas faits pour être compris mais pour être combattus. Face à ce scandale du mal, « la vocation de l'esprit est de lui donner un sens », disait le philosophe russe Berdiaeff, s'interrogeant sur le problème de la liberté humaine. Il ne faut pas se résigner au mal, mais être capable de le dénoncer et de tenter, avec notre liberté, de donner un sens à ce qui apparaît comme l'injustice suprême.

Et si toute souffrance était comprise comme une ébauche de mort, en chacun de nous, pour nous conduire à devenir Amour ? Si nous acceptions la souffrance comme le passage, en nous, de l'avoir à l'être ?

Si nous réussissions à suivre le conseil de la sœur de Teilhard de Chardin : « Métamorphoser silencieusement en lumière les pires ombres du Monde » ?

C'est dans cette perspective que Jacques Lebreton, auteur d'un livre bouleversant, *Sans yeux et sans mains*, pousse ce cri, pourtant rempli d'espérance : « J'ai montré mes moignons à Dieu et j'ai hurlé : 'Si tu es bon, montre-le !' Je ne pouvais pas vivre une souffrance pareille, c'était surhumain. Alors sa grâce m'a touché. Il a entendu mon cri. Il a dit en moi : ' N'aie pas peur, Jacques, je suis là. Je suis en toi un Dieu aveugle et sans mains. ' J'ai pleuré de joie sur mon lit d'hôpital. Je venais d'être touché par la folie de l'Incarnation : Dieu s'est fait homme pour apporter une réponse d'homme à la question de la souffrance humaine ! » Et il poursuit : « Je gueule ma souffrance, ma révolte, [...] non pas contre Dieu. Ma révolte, je la porte devant Dieu. C'est lui qui la féconde. Ce n'est pas Dieu qui a inventé les grenades et la guerre, c'est l'homme. »

Ainsi, face à la souffrance qui parfois submerge la vie, une attitude s'impose, qui est loin d'aller de soi : l'acceptation. Non la révolte, toujours négative et souvent autodestructrice, ni même la résignation, le plus souvent passive, mais l'acceptation, la sereine acceptation de l'inéluctable.

D'ailleurs, les plus grandes joies naissent parfois des plus grandes souffrances, mais de souffrances pleinement assumées, surmontées, de souffrances totalement acceptées, maîtrisées, transcendées. Un corps souffrant n'est-il pas une flamme potentiellement ouverte à l'amour ? C'est ce que dit encore Jacques Lebreton : « La joie des infirmes est la plus belle preuve de l'existence de Dieu. »

La souffrance n'est pas nécessairement opposée à la joie, et l'on sait que l'une et l'autre peuvent parfois cohabiter dans une même existence. La souffrance est seulement la sœur attristée, mais complémentaire, de la joie, comme dans une même famille sont complémentaires des enfants différents, qui s'acceptent et qui s'aiment dans leurs différences mêmes.

C'est un grand mystère que de voir mêlées, dans une même existence, joie et souffrance, de voir – et de vivre – le bonheur à travers les larmes, comme on voit filtrer le soleil à travers la pluie. Les larmes sont les abysses du cœur. Elles signent moins une faiblesse qu'une acceptation noble de la souffrance, moins une fragilité qu'une humilité devant le mystère. Elles ont toujours une valeur lustrale, sacrée, exprimant le plus souvent le meilleur de nous-mêmes. Elles nous livrent sans fard, en pleine lumière, à nous-mêmes et aux autres, dans notre vérité la plus nue, la plus crue. Elles nous arrachent nos masques. Elles disent tout de nous-mêmes et surtout ce que nous ne voulons pas dire. Elles nous authentifient en profondeur. Les larmes sont toujours des perles, des plus précieuses et des plus rares, car elles sont souvent le signe que le scandale du mal s'est transformé en mystère de purification.

La réponse à la grande question du mal et de la souffrance n'est peut-être que cet inachèvement de l'amour. L'homme doit tendre sans cesse au dépouillement de soi. Il doit passer de la possession à l'être, mais, parce qu'il est homme et confronté à sa finitude, il ne sera jamais totalement don d'amour. Il ne peut que tendre vers le Tout Autre, qui est l'Amour.

Ainsi, face au monde marqué au fer de l'injustice, de la souffrance et du mal, loin de choisir les chemins de l'orgueil qui mènent souvent à la désespérance ou à la révolte, l'homme se doit d'emprunter ceux de l'acceptation du monde, et donc du mal.

LA NUIT

La mort : une nuit sans fin ? Oui, sans doute, pour ceux qui la considèrent comme le terme définitif et irrévocable de la vie. Non, pour d'autres, qui voient en elle un passage nécessaire vers une autre vie. Une vie autre, une vie transformée, une vie transfigurée. Une nouvelle genèse.

Nuit sans aurore, la mort peut-elle être étanchement d'une soif ? Non, si du moins elle est vécue comme telle : comme un terme, comme une fin. Dans ce cas, l'étanchement aurait, en effet, un goût bien amer. Aurait-il même droit de cité ? L'homme n'a jamais soif d'un état, encore moins d'une fixation. Il a soif de mouvement. La mort peut être alors réponse à une soif et constitue toujours, pour lui, un mystère.

Car la mort est insaisissable. Tous les mots qu'on pourra utiliser, tous les discours qu'on pourra tenir, tous les livres qu'on pourra écrire pour tenter de la cerner, tout sera inefficace pour nous la faire connaître. Tout au plus pourrons-nous l'apprivoiser. Parce qu'on ne la connaît pas, parce qu'on ne la comprend pas, elle nous surprendra toujours, car elle nous oblige à renoncer à nos certitudes et nous plonge au fond de l'inconnu. La mort est un révélateur. « Quand le corps se défait », écrivait Saint-Exupéry, « l'essentiel se montre. » Il faut avoir participé aux derniers instants d'un vivant pour mesurer à quel point l'essentiel est ailleurs. Le contact, presque physique, avec une mort imminente, confère alors aux choses humaines leur vrai poids, leur vraie mesure, qui est dérisoire, car la mort les dépouille de tous leurs oripeaux. Abîme, celui qui sépare le dernier souffle d'un vivant de l'image qu'il donne, saisi par la mort. Jusqu'à son terme, la vie reste la vie : elle fait de l'être humain une personne. La mort, au contraire, fait de lui un objet, rien qu'un objet, une chose, une pierre.

Certes, la mort est la plus grande manifestation, comme la plus grande preuve, de la faiblesse de nos êtres charnels. Elle est le raccourci saisissant de toutes nos limites. Elle nous oblige à lutter, sans pouvoir espérer une victoire. Elle signe définitivement et totalement notre finitude. Mais c'est « le grand triomphe du Créateur », selon le père Teilhard de Chardin, que d'avoir transformé cette puissance du mal qu'est la mort en une source de vie. Car, si la mort nous surprend vraiment, c'est parce qu'elle peut être le moment de la grande fulguration. Elle peut être coïncidence avec l'extrême tendresse et l'extrême douceur, avec le plus grand amour et la plus grande bonté, avec la plus belle présence. Un ultime souffle de vie peut s'accompagner d'une tendre chaleur. La mort peut être alors, au-delà des braises de la rencontre, fusion du désir de l'homme avec le désir de Dieu, fusion de l'amour avec l'amour de Dieu. La mort peut être alors une belle mort, car elle devient transfiguration.

Mais il y a aussi l'homme qui ne parvient pas à accepter cette fulguration de la rencontre et qui peut plonger dans une nuit plus profonde et plus douloureuse encore, car, alors, la mort est le mal suprême qui fait des êtres fragiles que nous sommes des « désespérés lucides », pour reprendre l'expression de Mauriac. L'homme connaît alors l'angoisse existentielle qui fait dire que la vie, absurde, périssable, se réduit à la matière. Face à ce constat amer, les réponses varient : pour certains, ce sera la délectation morbide du néant, la tentation du suicide, ou bien la drogue, l'opium et tous les paradis artificiels. Pour d'autres, tel Perken, le héros de *La Voie royale*, de Malraux, ce sera « l'exaltation qui sort de l'absurdité de la vie ». Et, bien souvent, le divertissement qu'elle se donne à elle-même enfonce l'âme effrayée dans une nuit plus profonde encore. Une nuit que tentent de percer les grands désenchantés de tous les temps qui scrutent désespérément, sur le visage de l'homme, les signes qui pourront leur permettre d'échapper au néant, à la nuit, à la mort.

Ainsi, tous différents, nous avons tous nos différentes nuits : nuit du corps ou du cœur, nuit de l'esprit ou de l'âme. La nuit : lieu du silence, de l'envoûtement, du mystère. La nuit inquiète toujours. Grande nuit des origines ou nuit d'aujourd'hui, en étroite symbiose avec le cœur de l'homme. Noces parfois difficiles de l'homme et de la nuit. La nuit : une image de l'homme – mais seulement une image, seulement un versant. L'autre image, l'autre versant : l'aurore.

LE RETOUR DU VEAU D'OR ?

Tel le phénix – cet oiseau fabuleux qui renaissait de ses cendres –, le veau d'or semble toujours d'actualité. Son mythe n'a rien perdu de sa force ni de sa consistance. Au contraire, son culte aujourd'hui reste toujours vivace. Être de raison, et donc de choix, vers quoi l'homme orientera-t-il son existence ? Vers l'accomplissement de son être ou l'assouvissement de ses désirs ?

Au commencement était l'argent, qui engendra pouvoir et puissance, mais souvent, aussi, mépris et haine. Soumis à l'argent, l'homme peut devenir colosse aux pieds d'argile. Comme toutes les grandes forces qui travaillent le monde, l'argent est un levier puissant, capable du meilleur comme du pire. Il peut corrompre, mais aussi faire fleurir un sourire sur un visage en perdition, faire surgir une oasis au cœur d'un désert.

La soif de l'argent peut pousser en l'homme comme un chiendent. Veut-il l'extirper, l'homme voit aussitôt combien l'entreprise peut ébranler l'unité de son être. L'herbe, alors, repousse de plus belle, sans que l'homme puisse entraver sa croissance. Tout se mêle en lui, inextricablement. La soif de l'argent est sournoise et insidieuse. Elle se développe d'autant mieux que l'on n'y prend pas garde. Elle peut devenir poison si l'homme ne trouve pas, en lui-même, un antidote. L'homme devrait toujours se convaincre qu'il n'est, sur terre, qu'un locataire ou un dépositaire. Non un propriétaire. Tant de choses accumulées et possédées, avant qu'il ne constate qu'en définitive rien ne dure ni ne demeure ici-bas. Du reste, l'homme devrait-il même avoir une demeure ? Car la demeure fixe toujours une situation, quand elle ne fige pas un état. Or, l'homme n'est qu'un passant et qu'un étranger, alors qu'il devrait être pèlerin.

Dès qu'il *fut*, l'homme *eut*, aussi. Dès lors entra en conflit, en lui, une capacité à être avec une capacité à avoir, une capacité à donner avec une capacité à prendre – ou à reprendre –, une capacité à aimer avec une capacité à haïr. Et le conflit n'est pas prêt de s'éteindre. Il perdurera tant que l'homme sera homme, c'est-à-dire un être divisé, double, contradictoire. Souvent, plus on a, moins on est. C'est une des lois de la vie. L'avoir tend à alourdir l'être, à étouffer en lui ses forces vives. L'argent peut racornir le cœur. Il encombre et, souvent, décolore la vie.

Les Romains nommaient *impedimenta* tout ce qui, dans une armée en marche, pouvait entraver sa progression. L'homme, lui, ne manque pas de bagages qui entravent sa route vers le bonheur. « Tous les mouvements naturels de l'âme sont régis par des lois analogues à celles de la pesanteur matérielle », écrivait Simone Weil dans *La Pesanteur et la Grâce*. Et elle ajoutait : « La grâce seule fait exception. » Il faudrait toujours se libérer de ses chaînes, car la chaîne asservit et cadenasse le cœur. La liberté, elle, l'ouvre toujours et l'irradie.

Celui qui possède se dit : « Toujours plus ». Celui qui donne se dit en lui-même : « Toujours mieux ». Paradoxe, mais vérité de la condition humaine : plus on possède, plus on risque d'être possédé, car la possession fait souvent de l'homme une victime. L'homme qui place son bonheur dans la possession – et dans la possession seule – tend à dépérir. Chaque fois, au contraire, qu'il se dépouille, il s'épanouit car il s'enrichit de tout ce qu'il croyait avoir perdu. La possession, c'est ce à quoi on tient, certes, mais ce par quoi, aussi, on peut être tenu.

La possession n'est jamais neutre. Telle la main du Commandeur dans *Don Giovanni*, elle nous tient et nous aliène. Elle fait corps avec nous. Elle est nous. Possédés, nous ne nous appartenons plus à nous-mêmes. Nous tendons à devenir étrangers à nous-mêmes. Nous devenons autres. La possession plombe l'œil intérieur, alors que la dépossession de soi le clarifie. La possession éteint aussi sûrement en nous la vigilance de l'être que le plaisir égoïste l'aspiration au bonheur. La dépossession de soi conduit souvent à une reconquête de soi-même et, finalement, à une plénitude de l'être. Faire une croix sur un désir, c'est non se mutiler, comme le veut l'acception commune, mais, au contraire, s'enrichir, car c'est sacraliser le désir, en lui donnant toute sa profondeur et toute son intensité.

La vie humaine ne comporte, en définitive, que deux chemins : le chemin de l'avoir et le chemin de l'être. Le premier peut être un chemin d'asservissement, le second souvent un chemin de service et de libération. Le premier est une impasse, le second, une porte. Le premier, un plaisir au service d'un besoin, le second, un désir au service d'une soif. L'un est rétrécissement, l'autre, grandissement. Là se dessine une ligne d'horizon, ici une absence de ligne : l'infini. Ainsi la vie humaine repose-t-elle sur une alternative qui peut être aussi un dilemme : ou elle est chemin de vie, toujours jaillissant, ou chemin de mort, toujours prompt à engloutir. C'est ce qu'exprime magnifiquement Mauriac dans l'épigraphe des *Chemins de la mer* : « La vie de la plupart des hommes est un chemin mort et ne mène à rien. Mais d'autres savent, dès l'enfance, qu'ils vont vers une mer inconnue. Déjà l'amertume du vent les étonne, déjà le goût du sel est sur leurs lèvres – jusqu'à ce que, la dernière dune franchie, cette passion infinie les soufflette de sable et d'écume. Il leur reste de s'y abîmer ou de revenir sur leurs pas. »

Entre l'être et l'avoir ne manquent ni obstacles ni écrans. Écrans opaques, souvent tenaces. Redoutable aimant, l'argent n'est souvent, pourtant, qu'écran de fumée. Face à la spirale de l'avoir, il importe que l'homme fasse, de temps à autre, des cures d'être. On n'est pas ce qu'on a. On est ce qu'on est. On est ce qu'on fait et ce qu'on devient.

Tout service, c'est-à-dire tout don, devrait être joie. Le don et la joie : deux synonymes d'une même langue, la langue du cœur. L'amour, certes, comme don de soi, est un don extraordinaire, mais plus fort encore, car plus exigeant, est l'amour du don, la soif du don, parce qu'elle creuse l'être à une plus grande profondeur. D'ailleurs, don de l'amour et amour du don tirent leur force de leur réciprocité même. Étonnant paradoxe, mais vérité profonde : quand nous avons tout, pouvons-nous encore recevoir ? En revanche, c'est lorsque l'homme n'a rien qu'il peut souvent le mieux donner. Tel un feu mystérieux, l'irradiation ne s'explique pas. Elle se vit et se propage en se donnant.

Toute notre vie se place, bon gré mal gré, sous le signe de l'*être*. Notre premier et notre dernier souffles font de nous des êtres de vie. L'être constitue notre nature, l'avoir, notre désir de créature. L'être nous est naturel, l'avoir est une création de l'esprit. L'être est la vérité de l'homme, qui lui permet de rejoindre, à travers le temps et l'espace, ses origines et son histoire.

Au fur et à mesure que l'homme avance dans la vie et qu'il mûrit en expérience, il peut, s'il le souhaite et s'en donne les moyens, construire son unité intérieure. Il substitue alors, progressivement, au préfixe *de*, le préfixe *en*. Détachement, dénuement, dépouillement subissent alors une lente métamorphose. Ils deviennent enracinement, enrichissement, ennoblissement. Après le labour et les semailles : la germination et la récolte. Les trois *d* – détachement, dénuement, dépouillement – : trois chemins de vérité et de perfectionnement intérieurs qui conduisent à un quatrième : le dépassement de soi.

L'école du détachement, nous le savons, est une école d'ascèse. Il n'est jamais facile de se déprendre de soi-même. Ce n'est que pas à pas, jour après jour, sans à-coup, sans violence, que l'homme peut, le mieux, parvenir à se désencombrer de soi. L'école du détachement est une école de longue haleine, qui exige beaucoup d'humilité et qui se fait toujours par paliers de décompression.

Le détachement vit et se nourrit d'une succession de morts à soi-même. Et plus l'homme meurt à soi-même, plus aussi il trouve, en lui-même, de ressources pour lutter, pour espérer, pour vivre. Mourir à soi-même, c'est assumer pleinement le lent, fécond, inlassable travail de décantation et de purification intérieures, nécessaire à l'émergence d'une vie authentique. Mourir à soi-même ne relève en rien d'une attitude masochiste ni d'une sorte de délectation morose devant l'existence et la tâche à accomplir. Mourir à soi-même signe plutôt un combat, celui de la pesanteur, si naturelle à l'homme. Mais, à terme, surgit toujours la victoire, car mourir à soi-même, c'est toujours vivre – ou revivre – en plénitude. L'école du détachement est une école de liberté. La crèche et la croix : même dénuement et même plénitude.

Le dépassement de soi, c'est essayer d'atteindre à l'essentiel, toujours éloigné de l'homme. Et l'essentiel, c'est peut-être tout simplement la Vie. Passer de l'encombrement de notre nuit à l'aurore du dépouillement et du dépassement.

Chapitre III

Ce qu'on appelle la vie

La vie : un mot, en apparence, tout ordinaire et pourtant si précieux, un mot dont la brièveté linguistique n'a d'égale que la profondeur sémantique. La vie et son contraire : la mort. Deux mots de résonance universelle et chargés d'une forte puissance émotionnelle. La vie humaine : une tapisserie. Si sa trame paraît simple et présente une certaine unité, il n'en va pas de même de l'envers, dont les fils s'entrecroisent à l'infini.

L'EXISTENCE EST UN PUITS

La vie est un mystère que l'homme ne finit pas de sonder. La vie : un mot de rien, mais qui dit tout. Un mot modeste et discret, un mot qui ne veut pas attirer l'attention sur lui, mais un mot profond comme un puits, dont l'écho, à toute heure, répercute joie ou souffrance. « La vie », et tout est dit.

La vie est une réalité trop belle et trop noble pour que nous ne la prenions pas au sérieux. Il faut chanter la vie, simplement parce qu'elle est la vie. Toute vie laisse derrière elle une terre différente de ce qu'elle aurait été sans le sillon qu'elle a tracé. L'important d'une vie, ce n'est pas la profession, le rang, la considération. C'est encore moins la gloire qui, tôt ou tard, se fane. Non, c'est ce que chacun porte au fond de lui-même. Paix, bonheur, tendresse, tels sont les maîtres mots de la vie, ceux qui composent notre ciel intérieur et qui devraient toujours nous servir de boussole. Des mots qui fleurent la douceur et la lumière, sans perdre, à aucun moment, de leur force.

Ainsi chacun est-il invité à forger sa vie. L'expression prend tout son sens et toute sa vigueur dès que l'on songe aux soins et aux efforts que réclame toute vie, même modestement réussie. Car la vie n'est jamais qu'une approche, qu'une ébauche de ce qu'on voudrait être, de ce qu'on voudrait faire. L'homme est un forgeron : il est l'artisan de sa vie. De la qualité du matériau utilisé pour la construire dépendront la qualité et la texture de l'existence.

Voici, en effet, une loi impérieuse : construire sa vie. On construit sa vie comme on construit une maison. Il y a d'abord les fondations. Solides, résistantes, comme pour tout édifice. Hérédité et famille apportent ici leur touche personnelle, que complète l'éducation. Bonnes, ces fondations constitueront le socle humain et son histoire. Mauvaises ou inexistantes, elles pourront être, dès l'aube de la vie, source, plus ou moins grave, de glissements de terrain. Il sera bon, alors, de travailler à maîtriser ce sous-sol instable et capricieux. De ce travail en profondeur dépendra la qualité du reste de l'édifice. Les murs devront être aussi épais que possible, afin de résister aux tempêtes intérieures comme aux assauts extérieurs. Les fenêtres, bien sûr, sont indispensables. Elles seront nombreuses, hautes et larges, à la mesure du monde, immense et lumineux, qui baigne l'homme. Point de lucarnes, mais des baies, de larges baies toutes rutilantes de lumière. Le cœur pourra s'y détendre et l'âme s'y rafraîchir, en harmonie avec les brises du monde.

Et, malgré cela, la maison humaine est souvent une construction précaire, décevante. Jules Renard écrivait dans son *Journal* : « Si l'on bâtissait la maison du bonheur, la plus grande pièce serait la salle d'attente » ! N'est-ce pas reconnaître la passivité, le renoncement au combat, trop souvent présent en chacun de nous ? Car la vie n'est soleil que pour ceux qui, coûte que coûte, veulent en capter la lumière. Elle est ombre pour ceux qui veulent n'y voir que le miroir de leur désespoir. C'est chacun d'entre nous qui doit apprendre à connaître et à accepter sa part d'ombre. Or, le but ultime de la vie est de faire jaillir de la grisaille quotidienne des pépites d'éternité.

Il reste que l'homme perd souvent sa capacité d'émerveillement face aux choses les plus simples de la vie. Il apprécie rarement à sa juste valeur ce cadeau magnifique et indéfiniment renouvelé qu'est chaque matin de son existence. On pense à ce film d'Alain Corneau, *Tous les matins du monde*, film à écouter autant qu'à savourer, les yeux grand ouverts. Un hymne à la vie, à la vraie vie, loin du strass de la célébrité. Recherche intime de l'absolu, loin de tout faire-valoir.

Chaque matin du monde est un cadeau aux mille facettes, plus étonnantes les unes que les autres, dans leur diversité et leur simplicité mêmes. Un lever de soleil qui s'empourpre dans la fraîcheur virginale d'un jour qui éclôt, une brassée d'oiseaux insouciants et allègres qui chantent leur oui à un air qui les porte, l'incessante et capricieuse métamorphose des nuages, un « papa », une « maman » qui font lever en l'homme émotion, fierté, tendresse, la lumière d'une rencontre, la ferveur d'un échange : autant d'instants de grâce qui devraient frapper de néant toute pente au désespoir.

À bien le regarder, à bien le savourer, chaque jour qui passe exhale un parfum d'éternité. C'est un baiser et un sourire de la création. Chaque jour qui passe peut devenir sacre du cosmos. Le choix de l'homme, dans la conduite de sa vie, est un choix théoriquement simple, mais, pratiquement, très compliqué. Il tient dans le dilemme, toujours tragique, de la dépossession de soi – reconnue, ou non, comme telle – ou de la dépossession, cultivée pour elle-même. Le bonheur de l'homme est à l'aune de la réponse qu'il donne à ce dilemme. Et l'on peut dire que la vie humaine s'apparente à l'art du funambule. Elle doit sans cesse composer avec elle-même et avec les autres, trouver le juste équilibre entre les exigences du corps et les appels de l'âme, entre une salutaire solitude et une indispensable vie sociale.

Abrupte et cahoteuse est la pente de toute existence. Mais l'homme vient-il à distinguer le sommet qu'aussitôt se dessine devant lui une route claire, lumineuse. Une route royale. Il oublie les accidents de la route pour respirer, par anticipation, l'air des cimes. Ce qui compte dans l'existence, c'est moins la traversée que le port, moins les tempêtes que le havre, moins les embruns du jour que la brise du soir. Naître, aimer, souffrir, mourir. Quel itinéraire mieux balisé que l'itinéraire humain ? Mourir ? Certes, mais aussi renaître, car la boucle est parfaite qui conduit l'homme, créature, au créateur.

Et si la mort – toute mort – n'était d'abord que mort à soi-même ? Si la mort avait, en définitive, une valeur rédemptrice ? Vivre serait alors accepter des dépouillements successifs, des séparations et des arrachements successifs, des morts successives qui composent la trame de toute vie. Vivre, c'est accepter, une fois pour toutes, la légèreté dans la traversée de la vie, c'est accepter de se délester, de se déposséder, de se désencombrer de soi pour laisser place au dépassement de soi. C'est toujours accepter une transfusion de vie. C'est accepter de vivre chaque jour comme une nouvelle naissance, comme une renaissance, comme un beau fruit gonflé d'une incessante genèse.

Cependant toute existence enferme en elle un goût d'incomplet, d'inachevé, qui lui confère toute sa saveur. Elle s'ouvre souvent sur des rêves et se poursuit dans la tourmente, avant de gagner la sérénité du port. Les points sublimes d'une vie permettent d'en compenser les bas-fonds. Et il n'est pas trop de toute une vie pour tenter de panser ses blessures : blessures du corps et du cœur, blessures de l'esprit et de l'âme.

La vie humaine est ainsi soumise, par sa nature même, à un incessant mouvement pendulaire : dialectique de l'ombre et de la lumière, du bien et du mal, de la richesse matérielle et de la pauvreté spirituelle. La vie est oscillation, balancement et alternance de hauts et de bas, de plats et de bosses, de montées et de descentes, d'horizontalité et de verticalité. Un curieux alliage de terre et de ciel. La recherche d'un point d'équilibre, toujours fuyant, toujours précaire, entre deux mouvements antagonistes. Vivre en parfait équilibre, en parfaite harmonie avec soi-même garantirait, assurément, le bonheur. Or, l'équilibre parfait n'existe pas, comme n'existe pas, non plus, le vrai bonheur. L'homme doit donc, ici-bas, se contenter d'approximations, d'ersatz de bonheur, mais il doit tenter de trouver un véritable art de vivre ; non pas celui de ces esthètes qui, faisant leur cette devise « Take it easy », trouvent que leur vie n'a d'intérêt que s'ils la prennent avec légèreté. Non, il s'agit au contraire de donner du poids à sa vie. Et, pour cela, vivre son existence, enraciné dans sa terre, mais en restant libre. Il s'agit d'appartenir au monde, tout en regardant vers le ciel.

Car la vie, c'est peut-être cela : l'union, en chaque être, du temps et de l'éternité, de l'humain et du divin. C'est le message de vie que Jacques Fesch, en rédigeant son *Journal*, veut transmettre à sa fille, au moment où il va être exécuté, le 1er octobre 1957, coupable d'homicide involontaire : « Si je réussis à la fin de ces pages à te faire toucher ce que peut être la vie, la vraie vie, celle qui débute dans ce monde pour s'épanouir là où tout est lumière, si tu as pu pressentir la grandeur et le prix d'une âme [...], ces lignes ne seront pas vaines, et peut-être toi-même un jour, devant Dieu sait quelle épreuve, tu puiseras dans cet exemple si près de toi la force et le courage de discerner de quel côté vient la lumière. »

La vie est un cheminement qui conduit chacun à unir, au plus profond de lui, la terre et le ciel, dans une totale harmonie. C'est peut-être pour atteindre à cette joie que saint Augustin donnait ce conseil : « Apprends à danser, sinon les anges, au ciel, ne sauront que faire de toi » !

ÊTRE ET PARAÎTRE

Miroir aux alouettes ? Foire aux vanités ? Les images ne manquent pas pour caractériser une face – mais une seule – de la vie humaine : celle des apparences. L'autre face de la vie est la vérité de l'homme, une vérité aux multiples facettes, celle de notre être profond, auquel nul ne peut se soustraire. Telles sont l'ambiguïté et l'ambivalence de la condition humaine : ou bien l'homme sacrifie aux apparences, en risquant ainsi, du même coup, son identité propre, sa part d'humanité, ou bien il assume et il vit son être véritable, sans autre risque, si l'on peut dire, que le grandissement de soi. Force lui est de choisir.

Quoi que fasse l'homme, c'est toujours en vue du bonheur qu'il pense et qu'il agit, que ce soient les petits bonheurs de la vie quotidienne ou ceux, plus profonds et plus grands, que sont l'amour et l'amitié. Reste à savoir – et c'est la grande question – de quel bonheur et de quelle vie il s'agit. « Celui qui regarde vers l'extérieur rêve. Celui qui tourne son regard vers l'intérieur s'éveille », disait le psychologue Carl Jung. Le drame de l'homme est là : regarde-t-il plus vers l'extérieur que vers l'intérieur, le paraître alors l'emporte sur l'être. En se tournant trop vers l'extérieur, l'homme se leurre sur le vrai sens des choses et perd de vue l'essentiel. Tout ce qui paraît détenir une puissance, une énergie prometteuses, accroche son regard. C'est une loi de la condition humaine. L'homme rêve d'être un autre que lui-même. Confucius, à ce sujet, était sans illusion : « Je n'ai pas encore vu un homme qui aimât la vérité autant qu'on aime une belle apparence. »

L'homme, en effet, cherche trop souvent à recouvrir de belles couleurs toutes ses rencontres, à trouver merveilleuses toutes ses expériences. N'est-ce pas une façon de se mentir à soi-même ? Il cherche alors à se prouver que tout ce qu'il fait est bien et refuse sa richesse profonde, qu'il sous-estime, pour s'accrocher à une apparence qu'il croit meilleure. Il devient alors l'esclave d'une idée qu'il se fait de lui-même ou d'une image qu'il souhaite donner de lui-même. Il lui manque de se regarder sans faux-semblant, de percevoir qu'il n'est pas nécessaire de chercher à prouver on ne sait quelle puissance. Faute de s'être interrogé sur ce qu'il cherchait vraiment à atteindre, l'homme devient l'esclave d'une illusoire quête de bonheur. Et bien souvent, en cherchant à faire son bonheur au détriment de celui des autres, il devient prisonnier de son mensonge, car il se trompe lui-même en même temps qu'il trompe les autres. Les apparences sont bien cet écran qui empêche trop souvent de saisir l'être humain dans toute sa profondeur.

« Ne pas se soucier du paraître », conseillait Gide dans son *Journal*. Pour certains, malheureusement la chose est impossible, tant ils pensent n'exister que dans une matérialisation de leur bonheur. Seul compte ce qui a une valeur matérielle. Or, le bonheur qui se cherche dans cette seule satisfaction matérielle est un bonheur voué à la déception perpétuelle. Ce sera une course sans fin, parce que la soif d'argent, la soif effrénée d'ascension et de considération sociales, la soif de pouvoir et de reconnaissance professionnelle, laissent en arrière-goût l'expérience décevante de la superficialité : le paraître tue l'être, inexorablement. L'esprit du monde tue la noblesse de l'être.

Témoin lucide de la jeunesse, François Mauriac écrivait quelques mois avant sa mort : « Tous ces garçons, il y a quinze ans autour de moi sur la route de Chartres, que sont-ils devenus d'autre que ce médecin [...], ce professeur [...] ? Que sont-ils d'autre que le diplôme après lequel ils s'acharnaient alors ? Quelques-uns étaient [...] l'orgueil de leur famille, mais eux-mêmes, si pleins qu'ils fussent de leur importance, sentaient obscurément que cette réussite du début de leur vie pourrait les mener à être quelqu'un, mais non pas forcément à être. »

Le secret du bonheur, c'est peut-être cet acte libérateur qui consiste à refuser le mensonge, le paraître, et à accepter de faire sienne cette maxime d'Érasme : « Sois ce que tu es ». Maxime qui fait écho au « Connais-toi toi-même » de Socrate, mais qui va plus loin puisqu'elle dépasse le constat pour s'inscrire dans des actes qui signent la liberté humaine. Être soi, c'est être grand et libre parce que l'on reconnaît ses limites et celles des autres, et qu'en les acceptant on atteint la paix intérieure et l'harmonie profonde.

Il faut se faire sourcier et chercher, sous les eaux fluctuantes des apparences, dans la profondeur de la nappe phréatique, la grandeur et l'étendue d'un autre monde, celui de la vérité de l'être. Car cultiver ou admirer le paraître, c'est renier l'authenticité de l'être, c'est refuser d'être, et donc d'exister. C'est vivre, et encourager à vivre parfois dans le mensonge. Or, vivre ce n'est pas cela. C'est mourir à soi-même.

Quand l'éphémère devient l'éternel

« Tout le monde cherche à tuer le temps, mais personne ne veut mourir », dit un proverbe indien. De son rapport au temps et à l'éternité, dépend, pour l'homme, sa capacité à être heureux. C'est ce qui le distingue de ses frères inférieurs. L'homme est un être de durée, un être temporel, et il en a conscience. Une conscience plus ou moins aiguë, selon sa sensibilité, son histoire, ses choix, bref selon ce qui sous-tend sa vie profonde. Une conscience, et donc une soif.

Bergson donnait de la temporalité humaine cette définition : « Le jaillissement perpétuel d'une imprévisible nouveauté. » Or, l'un des rêves de l'homme n'est-il pas d'arracher au temps des lambeaux d'éternité ? L'homme est, par nature, immergé dans le temps. C'est son état et sa condition. Être d'instants et donc instable, l'homme a soif de stabilité. C'est son essence et sa dignité. Assoiffé d'éternité, l'homme tend sans cesse à l'immortalité.

Face au temps, comment ne prendrait-il pas conscience de ses limites et ne chercherait-il pas à maîtriser cette force qui le domine, voire le paralyse ? C'est un constat, une réalité : nous ne pouvons pas arrêter le temps qui nous entraîne inéluctablement vers la mort ; nous ne pouvons pas davantage l'accélérer, ni le remonter ou le ralentir. Ainsi le temps objectif se montre-t-il un maître violent et souvent tyrannique.

Mais l'homme, par sa conscience, peut exercer un pouvoir sur lui.

L'éternel ou l'éphémère ? C'est une des grandes questions à laquelle l'homme doit répondre s'il veut vivre, car notre vie est brève et longue, à la fois. Elle est brève, lorsque nous voyons se nouer, dans l'insolente rapidité du temps qui passe, le fil de l'enfance et celui de l'âge adulte. Jours, semaines, mois, années composent une trame qui n'était qu'en germe dans nos commencements. Mais la vie est longue, aussi, contradictoirement. Elle est parfois lourde à porter, quand elle ne s'étire pas indéfiniment. Le temps n'en finit pas. Mais le temps, en fait, dure : ce n'est pas lui qui passe, c'est nous qui passons.

L'homme doit donc impérativement être conscient de sa difficulté à maîtriser le temps et vivre en conséquence. Mais nous sommes souvent myopes face au temps et nous voyons souvent les choses à court terme. Êtres temporels, nous collons trop souvent à la réalité présente, comme rivés à elle, quand nous devrions chercher à nous ancrer dans l'éternité, cette absence de temps, et donc de commencement et de fin. De courte portée, l'œil humain aura toujours du mal à s'accommoder à l'éternité.

Nous vivons, par notre corps de chair, dans ce que Platon appelle le « monde sensible ». Monde du changement, du relatif, de l'incessante métamorphose.

Monde de l'insaisissable et du limité. Monde de l'imparfait, de l'approximatif. L'éphémère est notre milieu naturel. Il nous conduit au regret, à la précarité et à la vanité de notre existence.

De plus, notre époque possède un signe distinctif : la vitesse. Et l'homme, dans ce contexte, obéit à un temps accéléré. L'instant est déprécié, presque dénié. Il n'existe que pour laisser place aussitôt à l'instant suivant. Emporté qu'il est par le torrent du temps, le moi ne parvient pas à être créateur de son propre devenir. La vitesse, signe d'une forme de progrès – ou son résultat – se révèle meurtrière car elle détruit la concentration et donc l'unité de la personne. L'être vole en éclats. Il s'émiette, se disperse, se perd dans ce temps accéléré, dans l'éphémère, alors que vivre intensément suppose la contemplation et la communion avec l'éternité.

Ainsi, « consacrer son temps » ne devrait pas seulement signifier « employer son temps ». L'employer ? Oui, mais à des fins précises et, précisément, sacrées. Consacrer son temps, ce serait alors le vêtir de sacré. Mais souvent les mots s'usent comme une étoffe. Nous le répétons sans cesse : « Nous n'avons pas le temps », « Nous n'avons jamais le temps ». C'est notre ritournelle. Mais pourquoi donc ? Y aurait-il une fatalité du temps ? Non, certes, mais plutôt une fatalité – si elle doit exister – dans l'usage du temps. Nous sommes souvent, comme dit Baudelaire, « les esclaves martyrisés du Temps ». Et la menace est toujours là si nous ne savons pas le maîtriser, le domestiquer. Prendre le temps, non pour se l'approprier (un leurre) mais pour tenter de l'apprivoiser : tout est là. Le bien gérer : l'une des grandes affaires de la vie.

Il faut, en effet, que les instants de notre existence éphémère participent de notre quête d'éternité.

Jean Debruynne, prêtre de la Mission de France, a très bien défini l'une des tyrannies de l'homme moderne : la tyrannie de l'heure.

« L'heure nous tient en laisse.

L'heure morcelle et fractionne notre temps.

L'heure crée un avant et un après l'heure.

Nous courons contre la montre, nous vivons contre le temps. [...]

L'heure sanctionne l'absence : les trains partent à l'heure,

C'est l'heure de partir travailler, c'est l'heure de se quitter...

Quand on connaît l'heure, on attend l'heure

Au lieu d'attendre l'événement ou celui qui doit venir.

Celui qui regarde l'heure n'est pas à ce qu'il fait. »

Certes, sans le mouvement de l'aiguille sur le cadran, il n'y aurait ni regrets, ni angoisse, ni espoir. Mais si nous tenons tant à l'observation des heures, c'est parce que nous ne sommes pas parvenus à trouver le bonheur, que nous sommes trop souvent « misérables », comme le pense Pascal. Si l'on vit, en effet, intensément, l'aspect mathématique du temps disparaît, et l'homme se libère de la montre et du calendrier. Chaque instant, bien qu'éphémère par nature, doit être une perle d'éternité. Il sera alors créateur de notre être véritable.

Malheureusement, les limites humaines sont là, et l'homme se laisse souvent, tel un fantoche, ballotter sur la ligne du temps. Il vit de regret, d'espérance, d'attente. Il rumine son remords ou s'abandonne sans esprit critique à un avenir incertain dans lequel il place inconsidérément tous ses espoirs.

Face au pouvoir souvent irrésistible du passé et à l'attraction du futur, le présent fait pâle figure : il n'est qu'un point de passage, à peine atteint que déjà perdu. Alors l'homme, dans sa faiblesse, se cramponne au passé et tente de vivre dans ce qui n'est plus qu'une pseudo-réalité. Il vit dans l'illusion ou bien il est tiré en avant vers une éventualité, une possibilité qui fait appel à un ailleurs, à une vie autre. Parce qu'il autorise tous les projets et tous les fantasmes, le futur est souvent un mirage, mais possède une irrésistible puissance de séduction. « Nous n'hésitons pas alors à assassiner le présent en accrochant des « si » aux ailes de nos instants », écrivait joliment un philosophe contemporain.

Ainsi nous sautons du souvenir au rêve, nous enjambons les instants sans même les voir, puisqu'au lieu d'être ici et maintenant, nous sommes ailleurs, hier ou demain. Il est donc vital non pas de laisser passer le temps mais de prendre le temps. Laisser passer le temps fait de l'homme un être passif : le temps passe, et l'homme le subit. Prendre le temps, au contraire, implique et mobilise l'homme face à sa propre durée. Il prend le temps. Il fait halte pour le prendre. Il le fait en pleine conscience, il l'amène à lui, en quelque sorte, pour le faire sien. Et cela peut coûter, car si « chacun examine ses pensées, il les trouvera occupées au passé ou à l'avenir, [...] presque pas au présent, » nous rappelle Pascal.

Ainsi, vivre au présent est un art – un art qui nécessite un travail sur soi, qui nous fait quitter l'éphémère des apparences pour atteindre à la réalité essentielle de notre être. « Votre aujourd'hui, c'est l'éternité », confiait saint Augustin.

C'est parce que l'homme souffre de l'emprise du temps que l'artiste, lui, cherche à échapper à l'éphémère pour exister, à travers ses œuvres, dans l'éternité. Créer, c'est ainsi connaître un état d'immortalité auprès des hommes, c'est exprimer ce qu'il y a de sacré sur la terre. C'est pourquoi Platon place si haut les créations humaines qui permettent de contempler « l'océan des beautés éternelles ». Car le génie ignore le temps pour épouser d'emblée l'éternité. Mozart est tout entier dans son premier *Koechel* avant de l'être dans son dernier : le *Requiem.* Le propre du génie est d'incarner les sentiments universels et contradictoires de l'homme, et surtout d'immortaliser par l'art ses joies, ses conflits, ses souffrances.

Mais c'est tout homme qui peut, en réalité, sans être un artiste, connaître des instants d'éternité, de plénitude dans l'extase artistique. Enfin toute fécondité – celle des corps comme celle de l'esprit – répond aussi, chez l'homme, à un besoin d'éternité, à un désir de dépasser l'éphémère, de dépasser ses limites, pour laisser une lignée derrière lui ou, comme le suggère encore Platon, « pour semer dans l'esprit des hommes des graines de sagesse appelées à pousser après eux ». Ainsi, ce qu'on appelle la vie n'est peut-être rien d'autre que cette capacité à vivre le temps dans toute sa plénitude, à vivre totalement l'instant.

Chapitre IV

La soif de désert

Le pays de la soif

La terre des hommes est – et restera toujours – la terre de la soif. Il en est ainsi. C'est dans la nature de l'homme. C'est inscrit dans ses gènes spirituels. Mais alors que la soif purement humaine, la soif non étanchée, peut conduire à la mort biologique, la soif spirituelle, elle, donne vie, paradoxalement, quand elle ne la décuple pas.

De quelle vie s'agit-il ? D'une vie tendue vers le bonheur. Or, pour être heureux, il semble que l'homme ait besoin, du moins périodiquement, de cures de désert.

Soif : un mot gonflé de sens. Un mot, en l'homme, chargé de vibrations infinies, et qui creuse, en lui, un sillon d'interrogations : « quelle est mon origine ? », « qui suis-je ? », « où vais-je ? ». La soif : un besoin aussi naturel chez l'homme que la faim. Et de la nature de cette soif comme de la réponse qu'il lui donne, découle, pour l'homme, plaisir ou bonheur. Un besoin, aussi, surnaturel. Un besoin de survie, au double sens du terme : besoin de subsistance et besoin d'une vie supérieure, s'enracinant souvent dans une foi en l'immortalité.

Un homme qui ne connaîtrait pas la soif – la vraie – : celle de la vérité, est un homme menacé. Son cœur, peu à peu, tend à se dessécher et son âme à se vider de la source qui la relie à l'infini. L'homme est ainsi fait que la soif lui est aussi nécessaire que l'eau, la cause aussi nécessaire que la fin. « Lorsque tu ne sais pas où tu vas », dit un proverbe africain, « regarde d'où tu viens. » L'homme qui n'a plus soif, l'homme qui n'a plus de soif, peut devenir un homme en perdition.

Vraies soifs, fausses soifs. Tout dépend de la source à laquelle on s'abreuve. Entre la cause et la fin, il y a toujours les moyens. La soif est souvent le meilleur de nous-mêmes. Elle constitue pour nous l'un des signes les plus authentiques de grandeur.

Il faut toujours tenter d'aller au bout de soi-même, et même au-delà, si possible. Il faut toujours tenter de se dépasser. Il faut aussi éviter de regarder dans le rétroviseur de la vie, car ce qui est passé est passé, définitivement. Il faut toujours tenir le cap, fixer ce qui est devant soi et non derrière soi. Il faut aller jusqu'au bout de son cœur.

La soif humaine a une origine et un nom : l'Éden. Elle a aussi une histoire. Histoire d'un exil, au goût amer, comme tous les exils, mais d'une nature, ici, toute particulière. Nous savons, en effet, que l'homme des origines a, par désobéissance, rompu sa relation avec le Créateur. D'où un exil. Exil aussi étrange que douloureux et dont la ligne de partage n'est autre que le cœur de l'homme. Exilé de l'intérieur, celui-ci, parce qu'il est précisément homme, a conscience de cet exil.

Sa souffrance – car c'en est une – s'appelle nostalgie. Nostalgie de l'Éden, du paradis perdu. Nostalgie des origines. Soif « d'une nature exilée dans l'imparfait et qui voudrait s'emparer immédiatement, sur cette terre même, d'un paradis révélé. » Baudelaire, une fois encore, a raison : nouveau Prométhée, l'homme veut se faire, comme Rimbaud, « voleur de feu ». Soif d'éternité, la soif humaine creuse incessamment le ciel.

Et c'est chaque jour que l'homme peut faire, en lui-même, l'amère expérience de l'exil. Exil qui affecte son corps dans ses limites mêmes et dans la conscience qu'il en a, exil d'un cœur souvent maladroit à aimer, exil de l'esprit souvent brouillé dans ses représentations du temps et de l'espace, exil de l'âme parfois impuissante à se retrouver dans sa patrie antérieure. Exil, aussi, des plus insidieux, et souvent à la source de nombreux maux. Si nos jours, en effet, sont parfois monotones et, plus encore, frappés d'atonie, si la grisaille les enveloppe souvent de sa triste brume monochrome, n'allons pas chercher trop loin : nous vivons, seulement, en exil, dans le souvenir d'un paradis perdu qui aiguise et qui stimule sans relâche notre douloureuse attente.

L'attente, cet autre nom du désir. L'homme est un être de désir et donc de tension. Toute la question est de savoir quel chemin prendront ces désirs, à quelle hauteur et à quelle profondeur ils se situeront. Le désir : l'un des grands moteurs de la vie – pour ne pas dire le seul. L'homme est ce qu'il désire. Vivre, c'est essentiellement désirer, comme cesser de désirer, c'est cesser de vivre, c'est signer son arrêt de mort, pour n'être qu'un mort parmi les vivants.

Plus l'homme recule les limites de son désir, plus ces limites tendent vers l'illimité. C'est que le désir, quelle qu'en soit la nature, enfante toujours le désir. Don Juan le sait, mieux que quiconque, qui, sans cesse, attise son propre désir. Mais pas seulement Don Juan, car le désir constitue l'essence même de l'homme. Assouvi, le désir, telle une braise, se concentre sur lui-même, avant de porter autour de lui des flammèches toujours nouvelles.

Désir. Plaisir. Certains contresens ont la vie dure. Ainsi, du mot *érotique* où l'on veut souvent voir un sens exclusivement sensuel, voire sexuel, alors que l'*éros* désigne, avant tout, le désir passionné de quelque chose, sans la moindre connotation. Désir, plaisir : deux notions qui peuvent aller jusqu'à l'antagonisme. Le premier est virtualité, le second, réalité. Plus le plaisir habite l'homme, plus, aussi, s'estompe, en lui, le désir, qui est instinct fondamental de bonheur. Assoiffé d'absolu, l'homme est, avant tout, un être de désir et donc de désert, ce lieu de la solitude recherché, choisi pour lui-même. C'est sans cesse que l'homme voit reculer la ligne d'horizon.

Le désir est notre première nature, le plaisir, la seconde. Chaque fois que l'homme satisfait son plaisir, il s'éloigne, du même coup, de l'objet même de son désir. Aussi faut-il toujours préférer la soif à l'étanchement de la soif, la vérité de la vie à la fugacité de la vie.

L'être de plaisir étreint souvent l'éphémère, quand l'être de désir, lui, scrute la durée. Le premier tend à vivre à la surface des choses, quand le second vit en profondeur. Aussi le plaisir est-il souvent à des années-lumière du désir. Le désir exclusif des biens matériels plombe souvent le regard intérieur. Plus fort est ce désir, plus fort se verrouille le cœur.

Pour l'homme religieux, c'est-à-dire relié au divin, il n'est peut-être pas de plus grand mal que l'usure, en lui, du désir des réalités d'en haut. Ce mal s'appelle l'acédie. Et pourtant, si limitée que soit la terre, elle ne laisse pas d'offrir à l'homme de multiples moyens de « se recharger » en immortalité : musique, beaux-arts, littérature. Prière, aussi.

Immensité, infini, immortalité : trois termes qui nient la finitude de la condition humaine et qui signent, en définitive, la grandeur de l'être humain. Dans *Le Mystère de la chambre jaune*, Gaston Leroux a cette phrase qui traduit bien son étonnement émerveillé devant la vie : « Tout ce qu'on ne voit pas qui est immense... » Observation qui vaut non seulement pour l'artiste, mais pour tout homme en général. Si l'infini ne se dérobait pas autant à nos prises, il n'exercerait certainement pas sur nous la même fascination.

Contempler l'infini n'est pas signe de faiblesse mais plutôt de grandeur. La tête dans les étoiles, l'homme peut plus facilement tutoyer l'éternité.

Désir. Désert. De l'un à l'autre, le pas est vite franchi, et l'on voit bien qu'il ne s'agit pas là d'un simple jeu de rhétorique, d'un pur rapprochement verbal ! Non, le désir humain, vécu dans sa radicalité, peut conduire au désert – cet espace retranché, à l'écart, comme l'indique l'étymologie *(deserere)*. Un lieu souvent décrit comme inculte, sauvage, gagné sur la « civilisation ». Il y a un *goût* du désert, comme on parle du goût d'un bon fruit. Mais « goût » désigne aussi une inclination, un penchant, un instinct, pour ne pas dire un appel. L'homme peut avoir, comme tout autre instinct, celui du désert.

Le désert, c'est d'abord un cadre, à la fois physique et géographique. Or, tous les pèlerins du désert vous le diront : l'homme y goûte un absolu de beauté qu'il ne trouve nulle part ailleurs. La beauté, ici, c'est d'abord un état de l'être, qui rend totalement nu. L'absolu y cisèle parfois (c'est le cas du Hoggar) un paysage de grès et de sable, à l'image de l'homme. Et ce paysage, loin de rester statique et inaccessible, parle à l'homme de l'infini, et à l'infini, comme s'il bougeait, réellement, de l'intérieur. Langage de pierres, de dunes, de formes. Tout ici est mouvement, rythme, silence, couleur, respiration. Tout est danse et chant de signes. Et tout, corps et âme, participe à la fête.

Au désert, les sens connaissent un véritable nettoyage et un état d'alerte permanent. Chaque perception, portée à sa pointe, se dénude, grâce à l'espace et à la lumière, mais surtout grâce au silence qui prend un relief et un sens particulièrement saisissants. Un silence qui est caresse et qui se confond avec la présence de l'homme. Présence à soi-même et présence au monde. La beauté, ici, est à boire à sa source. Nul viol du paysage dû à quelque engin fabriqué par l'homme. Tout objet extérieur au paysage pourrait attenter à cet absolu de beauté, car seule suffit, au marcheur comme au pèlerin, la caresse du doigt ou de l'œil.

Le désert n'est pas un mirage. Autant qu'un lieu extérieur à l'homme, c'est un espace qui lui est tout intérieur, un espace inscrit en lui de toute éternité et ancré dans son expérience quotidienne. C'est ce que n'a pas compris l'Alceste de Molière qui, voulant par dépit « fuir tous les humains », se fuit d'abord lui-même, en se trompant totalement de cible : c'est moins le genre humain qu'il doit combattre que lui-même. Il n'a pas compris que le désert – son désert – devrait être, avant tout, une solitude choisie, consentie.

Le désir du désert peut procéder d'un choix provisoire ou définitif. Il peut aussi s'être éteint en l'homme, si celui-ci, consciemment ou non, l'a tué en lui. Le désert recherché est un lieu riche en virtualités, un lieu qui s'ouvre sur tous les possibles. D'ailleurs, qui connaît le désert et en vit peut connaître du même coup le vrai bonheur.

Dans le détachement des biens terrestres réside parfois la vraie joie, car seul ce détachement permet souvent de s'attacher à l'unique nécessaire. Au périssable l'homme oppose alors l'impérissable, au fugace le durable, à l'éphémère l'éternel. Opposition ou union des contraires ? Union plutôt, car souvent la beauté du monde sert de socle à la gloire de Dieu. « Il faut passer par le désert et y séjourner », disait Charles de Foucauld. « C'est là qu'on se vide, qu'on chasse tout de soi [...] et que l'on vide complètement cette petite maison de notre âme. » L'expérience du désert : une expérience vivifiante, régénératrice. Vivre le désert, et en vivre, c'est boire le dénuement à sa source.

Le désert représente donc, avant tout, un état et un geste intérieurs. Il suscite toujours une émotion parce qu'il bouleverse et qu'il étonne. Parce qu'il atteint, aussi, l'homme dans ses profondeurs. Le désert constitue le fondement de l'homme et de toute chose, dans leur nudité et leur beauté premières. À la vue d'un relief si dépouillé et si nu, l'homme reconnaît et retrouve le relief même de son âme. S'il aime y boire sa propre image, c'est moins par narcissisme que par fusion et désir de correspondance : le désert exerce sur lui toute sa magie, toute sa fascination, et l'homme modèle son âme sur un paysage qui sert de révélateur à ses désirs les plus secrets, à ses souhaits les plus enfouis.

Pouvoir paradoxal, car si le regard, ici, se nourrit apparemment de vide, le cœur, lui, grâce à un mystérieux échange, connaît la plénitude. Parce qu'il est un chemin de transcendance, le désert se rit des paradoxes pour mieux résoudre en l'homme ses conflits et ses contradictions.

La retraite intérieure, le désert intérieur sont peut-être pour l'homme les meilleurs antidotes à ses maux. Désert, en effet, qui peut être le lieu où l'homme abandonne tout pour retrouver tout, le lieu de la connaissance ou de la re-connaissance de soi. Lieu aussi, par excellence, du désir et de l'attente. C'est, en effet, souvent, face à la splendeur dénudée, que l'homme commence à s'interroger sur lui-même et sur l'au-delà. Désir d'absolu qui naît dans le désert, l'oasis, la montagne. Ici tout est nu, décapé : la terre, la pierre, le ciel, le cœur de l'homme.

La soif et le désert : l'association est trop belle pour qu'on n'y voie pas d'emblée la plus belle des oppositions. Et pourtant, à y regarder de plus près, le désert, tant physique qu'intérieur, paraît bien être le lieu privilégié d'un apaisement, sinon d'un total étanchement de la soif humaine. Un de ces lieux paradoxaux et sans doute insoupçonnés qui donnent accès à un bonheur, certes exigeant, mais pouvant aussi réconcilier l'homme avec lui-même.

LA VOLONTÉ DE BONHEUR

Le bonheur : un mot devenu si banal et si vague, tant il est utilisé. Un mot, pourtant, d'une saveur et d'une résonance toutes particulières. Le bonheur porte aussi en lui un goût d'inachevé. Il y a un paradoxe du bonheur. Qui, en effet, ne désire être heureux ? Croyant ou non, l'homme se sent irrésistiblement appelé au bonheur. Le bonheur est la vocation de l'homme et représente une aspiration vraiment universelle. Et le désir n'est, en définitive, que la prise de conscience d'un manque, d'un vide, perçu comme une absence de plénitude, que l'homme tente, par tous les moyens, de combler.

Le bonheur serait-il alors « un idéal de l'imagination », comme le pensait Kant ? Doit-on le définir comme un état de satisfaction complète et durable, et donc impossible à atteindre ici-bas par un être raisonnable, toujours écartelé entre son devoir et ses appétits ?

Chacun, en tout cas, le poursuit, à sa façon. Et Voltaire, l'un des premiers, qui, dans son incurable optimisme, n'hésite pas à écrire, non sans humour : « J'ai décidé d'être heureux parce que c'est bon pour la santé », tandis qu'un Victor Hugo se lamente qu'« au banquet du bonheur » bien peu soient invités. À ceux qui croient le posséder, un humoriste contemporain lance cette mise en garde : « Si vous nagez en plein bonheur, soyez prudents, restez où vous avez pied. » Pourtant, l'homme ne doit-il pas prendre le risque du grand large et, avec Pascal, oser le saut, le pari du souverain bien ?

En effet, l'intuition première de l'homme est sans doute l'intuition du bonheur. Elle a sa source dans une nostalgie aussi vieille que le monde : la nostalgie du paradis perdu. « Le bonheur », observait Giraudoux, « c'est tous nos vœux exaucés, plus celui qu'un Dieu seul peut former pour nous. » Intuition ou instinct du bonheur : l'un des plus puissants leviers de l'activité humaine. Pascal encore ne disait pas autre chose : « Tous les hommes recherchent d'être heureux. Cela est sans exception, quelques différents moyens qu'ils y emploient. Ils tendent tous à ce but. Ce qui fait que les uns vont à la guerre et que les autres n'y vont pas est ce même désir qui est dans tous les deux accompagné de différentes vues. La volonté fait jamais la moindre démarche que vers cet objet. C'est le motif de toutes les actions de tous les hommes, jusqu'à ceux qui vont se pendre. » « Motif », certes, mais aussi moteur de toutes les actions humaines. Or, il n'est rien peut-être pour quoi l'homme soit plus fait que le bonheur, même si sa fragilité est son lustre.

Tendance, engouement, frénésie : les mots trébuchent pour traduire l'attirance contemporaine vers l'idée de bonheur. Aujourd'hui, chacun y va de sa recette ou de son traité, comme si le bonheur n'était pas, avant tout, un choix individuel, éminemment personnel. Le bonheur échappe à la sphère publique. Son domaine est strictement privé. Il n'est pas l'affaire d'une collectivité mais plutôt d'individus mus par le même idéal. L'idée du bonheur nous hante et nous taraude jusque dans nos profondeurs. Le mot, en nous, a un pouvoir effervescent. Il galvanise toute notre énergie.

Et, pour beaucoup, cela devient la « chasse au bonheur », pour reprendre les termes de Stendhal, comme si le bonheur était l'objet d'une poursuite ou d'une course. En réalité, le bonheur ne se chasse pas, ne se traque pas, ne se débusque pas. Il s'apprivoise plutôt, excluant toute hâte et toute fièvre, toute fureur de posséder. Le bonheur est une attitude particulière devant la vie. Il est l'ami du silence et du calme. Moins nous opposons de résistance aux événements, moins nous sommes aptes au bonheur.

Car le bonheur véritable, en définitive, est un état autant qu'une quête, le résultat d'une recherche autant que son point de départ. Voilà pourquoi, nous qui sommes des êtres d'instants, qui avons trop souvent les yeux rivés sur l'éphémère, nous avons tant de mal à connaître et à vivre le bonheur, qui n'est que durée. Où placer l'essentiel de la vie ? Dans une hypothétique chasse au bonheur ou dans une sagesse, fondée sur l'humble reconnaissance de son état et de ses limites ?

Certains disent : « L'homme heureux est celui qui croit l'être. » Parole surprenante. Le bonheur ne serait-il donc qu'un leurre, qu'un bercement intérieur ? Ne serait-il, en définitive, qu'autopersuasion, que confort acheté à bon compte à des marchands d'illusion ? L'homme est un être de fuite. Fuite de lui-même et, souvent, fuite du vrai bonheur. Le bonheur – cette image sans cesse troublée de nous-mêmes – est une réalité d'autant plus fuyante que nous nous attachons à la cerner. Nous tenons au bonheur, comme nous tenons, de tout notre être, à la terre. Et nous sommes d'autant plus attachés à lui que nous croyons, parfois, le tenir définitivement entre nos mains. Illusion : le bonheur ne se tient jamais en laisse. Si nous pensons le tenir, lui ne nous tient jamais vraiment. Il se dérobe sans cesse à nos prises. Le bonheur est sans contour précis, sans frontières. Il est fuyant, mouvant, volatil.

Le bonheur est aussi, comme toutes les grandes choses de la vie, simplicité dans sa grandeur même. D'ailleurs, toute grande idée est une idée simple, comme on dit d'un corps qu'il est simple, c'est-à-dire pur, élémentaire, un. C'est tout le contraire de notre nature qui est, par essence, complexe. C'est pourquoi l'un des secrets du bonheur, c'est de chercher à accomplir, avec le maximum d'amour, les choses les plus simples, les plus modestes de la vie. C'est « la petite voie », chère à Thérèse de Lisieux.

C'est que le bonheur a souvent pour terreau la simplicité du cœur. Et ce qui confère à une vie tout son prix, toute sa valeur, c'est d'avancer sans relâche vers cette simplicité. Être soi-même et rester soi-même en toutes circonstances : l'une des clés du bonheur. Resserrement, recentrage sur l'essentiel : fondement du vrai bonheur. Mais il existe, sans doute, une voie encore plus radicale, une voie royale : le dépouillement, le détachement de soi, parfois même le pur dénuement. Il est bon d'apprendre à se contenter du nécessaire, quand tout aspire l'être vers la dispersion. Nécessaire qui devrait sous-tendre toute une philosophie de la vie. Nécessaire, proche de l'ascèse et qui implique une parfaite maîtrise de soi face au monde. Voltaire a beau vanter, dans « Le Mondain », les soi-disant mérites du superflu, « chose très nécessaire », sa démonstration ne convainc personne. L'expérience humaine semble même donner raison à Rousseau contre lui. Et non seulement à Rousseau, mais au genre humain tout entier.

Nul besoin, en effet, d'être Jean-Jacques pour savourer, dans une simple promenade, la qualité d'un certain bonheur. Arbres, oiseaux, paysages, tout dans la nature invite l'homme à la simplicité, c'est-à-dire au bonheur ; tout l'invite au calme et à la paix, c'est-à-dire à l'harmonie avec soi-même et avec le monde. Voir pétiller sous un ciel d'été le maigre filet d'une source de montagne, assister à l'éclosion d'une rose par un matin de mai, n'a rien d'épicurien. Cela s'appelle simplement le bonheur.

Et ce bonheur simple et profond, bonheur élémentaire, correspond en nous à une soif de beauté. Garder un lien étroit avec les éléments originels constitue toujours pour l'homme le gage du bonheur. Bonheur non pas artificiel, mais au contraire bien réel, parce qu'ancré dans la mémoire de nos origines. Le vrai bonheur ne s'achète pas. Si l'homme pouvait l'acheter, cela se saurait, et les riches seraient toujours heureux. Les pauvres, jamais. Le vrai bonheur, au contraire, se gagne toujours à la pointe du cœur et à la pointe de l'âme. Il est toujours à portée de main, c'est-à-dire à portée de cœur. Ligne de crête entre deux abîmes, il se gagne toujours sur les terres arides de la réalité. Chemin étroit et semé d'embûches, il ne décourage pas pour autant le voyageur ni le pèlerin exigeant. Car il existe en l'homme une volonté farouche de bonheur comme il existe, en lui, une volonté farouche de vivre et de survivre. Le bonheur s'inscrit toujours, en l'homme, en termes de liberté et de responsabilité.

Et pourtant, être d'approximation, l'homme, sur terre, ne peut pleinement réaliser son bonheur. Il en rêve souvent. Il le rêve même parfois. C'est sa passion et son instinct. Et nous passons une bonne partie de notre vie à soupirer un « je voudrais », alors que nous devrions toujours affirmer un énergique « je veux ». Car le bonheur, qui est surtout conquête de la volonté, l'est aussi de tous les instants de la vie. Conquête sur soi-même avant d'être conquête, très partielle, du monde. C'est tout l'écart qui existe entre le rêve, qui disperse, et la réalité, qui enracine.

L'homme serait-il donc à la fois heureux et malheureux ? La question peut surprendre mais mérite d'être posée. Sensible à la maladie, à la souffrance, à la mort, l'homme, pourtant, leur est, d'une certaine façon, réfractaire, par sa nature même d'être pensant et spirituel. Sur lui, l'événement, en tant que tel, n'a parfois que peu de prise, parce qu'il est homme, souverainement, et donc être raisonnable et libre dans l'exercice de son destin. L'événement est une chose : il demeure et demeurera toujours événement, c'est-à-dire accidentel, contingent. L'essence de l'homme est autre. L'homme est dans le temps, tout en étant hors de lui, puisqu'il vit déjà, ici et maintenant, l'éternité. Ainsi le bonheur humain, même menacé par les circonstances, reste le bonheur, parce qu'il est dans la nature même de l'homme. Ainsi, même au cœur de la souffrance, l'homme peut, paradoxalement, connaître le bonheur. Un bonheur soustrait à la durée et qui s'enracine dans l'éternité. L'y aident un souvenir, une image, une foi. Le bonheur, au cœur même de la souffrance : un paradoxe ? Peut-être. Une vérité ? Certainement.

Vivre le bonheur aussi pleinement que possible et en avoir conscience est sans doute la pointe extrême du bonheur. L'instant privilégié, paradisiaque, est par nature rare, parce qu'il est, sitôt cueilli, frappé d'évanescence. Et pour vivre pleinement le bonheur, peut-être faut-il dès ici-bas considérer chaque merveille qui passe comme l'avant-goût de celles qui ne passeront pas.

Peut-être faut-il, comme l'Antigone de Sophocle, avoir pleinement goûté la vie pour mieux la chanter à l'heure de la quitter. La vie, c'est-à-dire le bonheur de vivre.

Et il est des moments dans l'existence – moments de bonheur, d'amour, de grâce – où terre et ciel semblent se confondre. Le temps, alors, fait halte et semble revêtir l'éternité. Par leur connaissance de l'homme mais aussi leur expérience du surnaturel, un Rembrandt, un Baudelaire, un Schubert, pour ne citer que trois phares de l'humanité, tracent à jamais pour l'homme un grand arc dans son ciel. Nous voudrions inscrire le bonheur dans la durée, qui est humaine, alors qu'il ne s'inscrit que dans l'éternité, qui est surnaturelle. Regarder très haut, encore plus haut, toujours plus haut, sans cesser d'appartenir à la terre : là est la source du vrai bonheur. Car où est la cime du cœur, là aussi est la cime du bonheur.

Ce qui compte, avant tout, dans l'existence humaine, c'est moins l'intensité du bonheur que sa profondeur. Car le bonheur humain s'accommode mal de la surface. Le bonheur profond, le bonheur vrai est étranger à tout élément extérieur. Son essence est ailleurs : elle tient à une certaine qualité de l'air intérieur. Á une certaine respiration. Le bonheur est toujours une orientation du cœur. Le bonheur humain exige un long et patient apprentissage. Parce qu'il réclame toujours un subtil discernement des valeurs, il est inséparable de l'idée de maturation. L'homme est toujours perfectible. C'est sa grandeur et sa noblesse. Et ce qui signe la grandeur d'un homme, c'est sa soif de perfectionnement intérieur.

D'ailleurs, la pratique de la sagesse est l'un des fondements du bonheur, comme la recherche de la sainteté est le sommet de la sagesse, et donc du vrai bonheur. Le bonheur authentique naît souvent d'une vision intérieure, voire d'une fulguration. Il naît toujours d'une coupure, d'une libération. Il inaugure toujours une renaissance. La fidélité à soi-même – à son idéal, à ses exigences intérieures, au but qu'on s'est fixé, aux objectifs mis en œuvre pour l'atteindre –, cette fidélité est la condition du vrai bonheur. Fidélité à sa propre vérité. Vivre et lutter pour ce qui est droit, pour ce qui est juste, c'est s'assurer une vendange de bonheur. Et l'homme heureux est peut-être celui qui, en définitive, parvient à résoudre, fût-ce temporairement, le conflit qui le divise tout au long de sa vie : l'attachement à la terre et à ce qui la dépasse. Tout l'enjeu de la vie est peut-être là : substituer à nos yeux de chair la vision de l'au-delà.

Il existe, on le voit, autant de visions du bonheur que d'hommes à y aspirer. Est-il une paix ? Sans doute, et de toutes, peut-être la plus convoitée : celle du cœur. Est-il un silence ? Peut-être. Rien qu'un silence, car le bonheur est discret et pudique. Il ne se dit pas mais se vit. C'est une fleur fragile qui requiert mille attentions. C'est l'une des plus précieuses de notre jardin intérieur.

Chapitre V

Le désir de beauté

Ancré dans le cœur de l'homme, le désir de beauté est bien la preuve d'une soif d'aurore dans les nuits humaines.

Mais d'abord, qu'est-ce que la beauté ? Il est bien difficile de la cerner avec précision. Le relativisme qui habite aujourd'hui nos sociétés laisse entendre que la beauté varie selon les cultures. Le dire reviendrait à penser qu'un habitant d'Afrique est fatalement insensible à une sonate de Beethoven ou à une comédie de Molière, comme un Français serait incapable d'apprécier un objet d'art africain ou péruvien.

De plus, le matraquage publicitaire croissant décrète que la beauté est ce qui est à la mode et que ce qui n'est pas à la mode est laid. À moins que l'on estime que chacun a sa beauté en fonction de ses goûts : est beau ce que j'aime, et uniquement ce que j'aime. Voltaire ne disait-il pas déjà que la beauté pour le crapaud, c'est la crapaude ? D'une égale beauté, alors, un poème de Hugo et une page de *San Antonio*, une mélodie de Bach et une chanson des *Boys band*, une rue pavée et sombre et un paysage de montagne ? Ainsi serait beau ce qui m'est agréable. Mais la beauté perd alors toute son universalité, surtout si l'on ajoute que l'idée de beauté est variable pour chacun selon les périodes de sa vie et son état d'esprit.

Définir ainsi les critères de beauté ne semble pas relever d'une vraie sensibilité au beau, car l'émotion de la beauté est ailleurs. Subir l'influence du relativisme, c'est oublier l'idée de l'Absolu, c'est relativiser la beauté et donc la rendre éphémère. Or, la nature nous offre en permanence le spectacle d'une beauté détachée du temps, absolue : un coucher de soleil, par exemple, qui est chaque fois semblable à lui-même et toujours unique, comme l'eau qui, de toute éternité, s'engouffre entre les rochers.

S'il est donc bien difficile de définir la beauté, ce qu'il faut, en revanche, c'est tenter de comprendre pourquoi une chose est belle, c'est tenter de définir l'harmonie qui l'habite. Celle-ci est présente quand un paysage, un objet, une fleur, une musique, un tableau présentent un ordre qui leur est immanent, fait de régularité, de justesse, d'équilibre.

Ainsi la beauté, parce qu'elle est liée à une expérience esthétique individuelle, est subjective. Ce qui est objectif pour définir la beauté, c'est la notion d'harmonie.

Il convient alors de se demander pourquoi, en tout homme, existe un désir de beauté, un appel à la beauté ? C'est sans doute parce que la beauté parle à l'âme, parce qu'elle assure l'unité, dans l'homme, entre le corps et l'esprit, le cœur et l'intelligence. La beauté, en définitive, ne se révèle que dans une émotion de l'âme. Et ce que l'âme cherche dans la beauté, c'est l'absolu, le divin. Un vieil adage indien dit que la beauté est dans l'œil de celui qui la contemple. Sans doute, car c'est dans une vision intérieure que la beauté prend tout son sens. Et le beau, dans la nature comme en art, ne se perçoit que dans le silence et l'attention.

LE SACRE DU RÉEL

Un visage, un paysage : tout, dans la réalité, porte le sceau de la beauté. Qu'est-ce, en effet, que la beauté sinon l'accord parfait de l'homme et de la nature ? L'acquiescement de l'un, son *oui* aux merveilles de l'autre. Et pas seulement l'accord, l'harmonie d'une nature grandiose, somptueuse, mais d'une nature sans apprêt, sans atours, une nature simple, modeste, une beauté sans beauté apparente, en quelque sorte, une beauté sans éclat, une beauté paradoxale : la beauté de la simplicité. Le réel, en effet, tout le réel a son prix. C'est cela, en lui, qui fascine et qui le rend si proche et si désirable.

Le bonheur est inséparable de l'idée de beauté. Qu'est-ce, en effet, qu'un lac, sinon pour l'homme un refuge, une halte, une flaque d'éternité bienheureuse ? Et nul besoin d'être Proust pour revoir en imagination, grâce au prestige de la mémoire, une haie d'aubépine par un matin de printemps. La caresse du réel suffit. Il n'est pas nécessaire d'embrasser le réel pour que le réel s'embrase pour nous. « Aux ambitieux qui ne se contentent pas du bénéfice de la vie ni de la beauté du monde, il est imposé pour châtiment qu'ils ne comprennent pas la vie et restent insensibles à l'utilité et à la beauté de l'univers », disait Léonard de Vinci. Car il en est des choses comme des sentiments : plus elles sont simples, plus elles sont vraies et profondes.

Vérité de dépouillement. L'homme est naturellement fait pour ce qui est simple. C'est dans sa nature d'homme, dans son désir de retour à la source. Et quoi de plus beau que la nature pour retrouver ses propres racines ?

La nature tout entière, dans sa foisonnante diversité, n'est rien d'autre qu'un réservoir d'images souvent lumineuses, offertes à qui sait les goûter et les savourer dans leur singulière beauté. La nature : cette société de nos amis muets. Face à la nôtre, parfois sans visage, elle est souvent plus éloquente dans le silence de ses merveilles que nos insipides babillages : « On apprend beaucoup plus de choses dans les bois que dans les livres », disait saint Bernard. Et d'ajouter : « Les arbres et les rochers vous enseigneront des choses que vous ne sauriez entendre ailleurs ; vous verrez par vous-mêmes qu'on peut tirer du miel des pierres et de l'huile des rochers les plus durs. »

Oui, la création est un livre. Chaque page y ruisselle de merveilles, et rien de ce qui est dans la nature n'est inutile. Tout y est fête des sens ; la bure de l'automne, la ronde des saisons, les fleurs – ces sourires parfumés de la création. Il est troublant de constater que la nature, dès l'origine, s'est parée de vert, ou plutôt de verts très variés, très diversifiés, comme si elle voulait, de toute éternité, lancer à l'homme un message de vie et d'espérance. Hasard ? Providence ? Chacun jugera. Troublant pouvoir, en tout cas, que le pouvoir, sur l'homme, de la couleur et de son symbolisme. Mais magie, aussi. Et il faut toute la force, toute la conviction poétique d'un Rameau pour suggérer, à travers les mots qu'on lui prête, la douce incantation de la nuit, cette lourde draperie qui, insensiblement, ourle le théâtre du jour. « Ô nuit, viens apporter à la terre le calme enchantement de ton mystère. L'ombre qui l'escorte est si douce, si doux est le concert de tes voix chantant l'espérance, si grand est ton pouvoir, transformant tout en rêve heureux. »

L'œil intérieur – l'œil contemplatif – restera toujours stupéfait devant la magnificence d'un coucher de soleil, devant la beauté pure de la création. Et c'est en s'immergeant dans le silence que l'homme appareille vraiment pour un autre monde. La beauté pure est une beauté qui se suffit à elle-même, qui n'a besoin d'aucun commentaire parce que, précisément, elle est la beauté. On ne devrait jamais tenter d'expliquer la beauté qui est, par nature, inexplicable. On devrait seulement la vivre et s'en nourrir. C'est qu'elle échappe à nos catégories trop souvent étriquées et toujours limitatives. Le Cervin, par exemple, dans le silence ouaté de l'automne, a-t-il besoin de quelque commentaire ? Non. Il se suffit à lui-même. Dans son insolite beauté, accrue par le mythe qui l'entoure, il ne ressemble à aucune autre cime. C'est *la* cime, qui fait partie intégrante du patrimoine de l'humanité. Une cime qui s'offre au silence et à la contemplation. La beauté est une donnée universelle de l'être humain.

Il arrive que la beauté naturelle d'un site exceptionnel – Venise, Bruges, Amsterdam (parmi d'autres villes) – devienne, au plein sens du terme, artificielle, c'est-à-dire œuvre d'art. La beauté fait alors tableau, comme si art et nature ne faisaient qu'un. « La Nature est un temple », écrivait Baudelaire. Mais aussi perspicace que soit le poète dans sa vision du réel et de l'Idéal, on peut penser que tout homme sent confusément en lui le mystère de la nature, offert, en définitive, au seul contemplateur.

De toutes les beautés naturelles proposées au regard humain, mer et montagne sont, sans doute, celles qui suscitent le plus, en l'homme, le goût et l'appel de l'infini, quoique par des voies différentes. La mer, immense, calme ou turbulente, favorise l'évasion vers un ailleurs, un hors de chez soi, un horizon exotique, au sens propre du terme, sans appellation précise. Un goût vague et informulable d'infini fouette et incite l'homme à percer les limites du réel pour tenter d'aborder le mystère – ces *terrae incognitae* jadis offertes à la soif des premiers explorateurs.

La puissance de la mer est une puissance sauvage qui rend impénétrables ses profondeurs. Toujours renouvelée, murmurante ou rugissante, pleine de fureur et de bruit, la mer permet à l'homme de prendre conscience de l'insaisissable. Flux et reflux permanents traduisent tout ce qui en lui est changement et mouvement. La mer appelle l'homme à un rendez-vous avec l'infini, car elle est une irruption de l'ailleurs, de l'immensité. Elle est souvent un inquiétant désert qui semble tout absorber dans ses entrailles. Quand il l'affronte, l'homme livre bataille à sa puissance déchaînée. Pour Emma Bovary, l'héroïne de Flaubert, face à la mer « l'esprit vogue librement sur cette étendue sans limites dont la contemplation vous élève l'âme et donne des idées d'infini et d'idéal ». La mer est plénitude. Elle est dilatation du cœur.

La montagne, elle, est tout concentration. Concentration de l'homme sur lui-même et sur son destin. Resserrement, en lui, de ses forces vives pour mieux appréhender le fascinant mystère de la beauté. Au-delà de leurs différences, et à travers elles, mer et montagne chantent la beauté, diversifiée, de la création. C'est encore ce que l'on perçoit dans les propos d'Emma : « On voit des pins d'une grandeur incroyable, en travers des torrents, des cabanes suspendues sur des précipices, et, à mille pieds sous vous, des vallées entières, quand les nuages s'entr'ouvrent. Ces spectacles doivent enthousiasmer, disposer à la prière, à l'extase ! »

La montagne, symbole, comme la mer, de force et de démesure, creuse aussi en l'homme son goût d'absolu, cet ardent désir de quitter le réel, de rompre, fût-ce un moment, avec ses attaches terrestres. La montagne tend à rapprocher, presque physiquement, la voûte céleste de la créature éphémère. Le ciel est là, non plus devant soi, non plus confondu avec l'horizon illimité, mais au-dessus de soi, à la fois proche et inaccessible, démesure offerte à l'œil dans toute sa verticalité, tant physique que symbolique. L'œil, tendu vers elle, perçoit, à travers l'image du ciel azuré, l'existence d'un autre ciel, proposé à l'œil intérieur. La vue devient vision. Ciel et cieux se superposent dans l'âme humaine, plus ou moins obscurément, plus ou moins consciemment. C'est que la fascination des cimes traduit chez l'homme sa soif d'altitude spirituelle.

Doit-on parler d'un sens de la montagne, comme on parlerait d'un sens de la vie ? Pour Xavier Chappaz, président de la Compagnie des Guides de haute montagne de Chamonix, ce sens ne fait aucun doute : « La montagne est comme un livre ouvert dans lequel je déchiffre les signes murmurés dans un vaste silence qui éveille mon cœur, stimule mon intelligence, me fait entrer plus profondément en moi et me fait accéder à un au-delà de moi. » Claude Marin, quant à lui, en sa qualité de guide, insiste, pour l'avoir expérimentée lui-même, sur cette dimension intérieure, si caractéristique de la montagne : « Les guides », observe-t-il, « consacrent leur vie à la montagne. En réalité, la plupart sont à la poursuite de leurs rêves. Entre neige et rocs, ciel et vide, ils grimpent en silence leur montagne intérieure. »

Et un ancien de témoigner à son tour : « La solitude de la montagne est une école de formation, jamais une angoisse. Elle me permet de voyager à l'intérieur de moi-même pour mieux me scruter, me comprendre ainsi que les autres et le monde avec tous les mystères qu'il porte en lui. Et ce voyage qui ne s'arrête jamais engendre parfois des élans de tendresse et le désir d'approcher le Créateur, de lui rendre hommage, et peut-être, en un ultime moment sur notre terre qui est au ciel, de brûler pour Lui, l'Aimé des sommets. » Le message des cimes est clair : la montagne est le lieu d'un ressourcement sans fin. « Plus d'un homme qui oubliait Dieu dans la plaine », observait l'écrivain suisse Rodolphe Töpffer, « s'est souvenu de lui aux montagnes. »

L'ample respiration de la montagne et sa profondeur : la montagne élève, pacifie, purifie. Elle comble le cœur par la force de sa beauté et sa grandiose simplicité. Grâce à elle, l'homme, naturellement soumis à d'incessantes contradictions, ignore, pour un temps, le tourbillon intérieur. Grâce à elle, il se retrouve, dans son désir de paix avec lui-même et avec le monde, il recrée son unité, toujours menacée, et renoue souvent avec le paradis perdu. Il y retrouve, embusquée et intacte, l'aurore insoupçonnée de la création. Dans une nature vierge et sauvage, le sentier de montagne, parce qu'il est parfois inviolé, est le vrai territoire de l'homme.

Il existe, sans aucun doute, une spiritualité de la montagne comme il existe une spiritualité de la mer. D'un côté, désir d'enracinement, de l'autre, appel de l'illimité. Mais nulle part peut-être, mieux qu'à la montagne – lieu, par excellence, du souffle intérieur –, ne se manifeste ni ne s'expérimente l'union du corps et de l'âme. Et c'est l'élan du cœur qui fonde souvent la solidarité des gens de la montagne. L'humilité devant la beauté et la magnificence des formes est le socle de l'éthique montagnarde.

L'homme est fait pour l'ordre et pour l'harmonie. Et le désordre, en lui comme autour de lui, a beau porter la marque du chaos originel, son être tout entier aspire à l'harmonie. Tout, en lui et autour de lui, chante et, parfois, crie l'harmonie perdue. Harmonie des sons et des couleurs, harmonie des formes et des lignes, harmonie intérieure, surtout, comme si un créateur sublime avait voulu, dès l'origine et définitivement, donner le *la* à la création.

La splendeur de la création est sans doute la preuve la plus éclatante de l'existence d'un créateur.

L'ART ET LA VIE

« La beauté sauvera le monde », prédisait Dostoïevski. En réalité, c'est dès aujourd'hui que la beauté sauve le monde. Un monde qui a, et qui aura toujours besoin d'elle pour vivre et pour survivre. Beauté multiforme. Beauté de l'art et du bien, beauté du vrai. Il n'est rien, en définitive, à quoi résiste la soif humaine de beauté. Est-ce un instinct ? Une force ? Peut-être une grâce.

Deux types de merveilles illuminent le monde : les merveilles de la nature et les merveilles du génie humain. Les premières constituent, si l'on peut dire, des beautés de première main. Elles émanent d'un créateur. Les secondes – beautés artificielles, c'est-à-dire, au sens propre du terme, productions de l'art – constituent des beautés de seconde main. Elles portent la marque du génie de l'homme. Le monde a été créé *ex nihilo*, à partir de rien. L'homme, lui, a recréé le monde à partir de tout. À l'homme pourraient suffire les beautés naturelles, car tout, dans la nature, est beau, en soi.

La définition de l'art par Bossuet, dans son sermon *Sur la mort* apparaît, dès lors, très juste : « Qu'est-ce que l'art sinon l'embellissement de la nature ? » Peut-on parler de la beauté sans s'exposer à la faner ? La beauté ne s'explique pas. Elle se ressent et elle se vit. Parler d'elle, c'est toujours se situer aux marges de l'indicible. La beauté devrait être non seulement la nourriture de l'être humain mais encore sa respiration. L'homme devrait toujours vivre au contact de la beauté, car son commerce sculpte toujours le visage.

Fréquenter la beauté, comme on fréquente des êtres beaux et bons, contribue, aussi, grandement au bonheur. Toute beauté, pensait le poète anglais John Keats, est joie qui demeure. Beauté de l'art, qui est donc bienfait. Ce que la vie réelle ne peut souvent procurer d'elle-même, l'art, lui, l'obtient souvent par son alchimie. « Le style a passé sur [l] es âmes froissées par la semaine comme le fer sur le linge », disait Giraudoux, « elles sont toutes lisses ». *Catharsis*, purification de l'être tout entier. Certains vont même jusqu'à parler de retournement, de conversion, car l'œuvre d'art, revêtue de beauté, ne laisse jamais inchangé celui qui s'en nourrit. Elle n'est jamais neutre : elle transforme et parfois transfigure. C'est son prestige et sa grandeur.

Beauté, bonté, vérité : trois fleurs indissociables de notre jardin intérieur. Le culte du beau engendre souvent la bonté chez celui qui le pratique. Inversement, la bonté sécrète souvent le beau dans ses diverses manifestations (physique, morale, spirituelle). La vraie beauté n'est pas tant celle du corps, par nature, éphémère, que celle du cœur et de l'âme. Elle affleure parfois sur un visage humain, vivant miroir d'une bonté véritable. La beauté a, en effet, une source : la bonté. Elle s'enracine et prospère toujours dans une terre de vérité. Beauté et bonté : éléments d'une même corde qui hisse l'homme vers ses sommets.

La beauté est une voie d'accès à la vérité – à la pureté de la vérité. Un paysage est vrai parce qu'il est beau, d'une beauté humaine, en quelque sorte. De même pour un visage. La beauté implique toujours en elle l'idée de vérité. Pour elle, nul besoin de masque puisqu'elle se présente toujours, comme la vérité, nue, dépouillée. Vérité de la beauté, certes, mais aussi beauté de la vérité. Loin de s'opposer, les deux formules se renforcent, car vérité et beauté reçoivent et répandent une même lumière. « La beauté », disait Platon, « est la splendeur du vrai. »

La beauté véritable ne doit rien au hasard. Émanation de l'âme, elle est le reflet éphémère et tremblant de la beauté éternelle. La beauté d'un visage humain n'est que l'ébauche et l'approximation d'une beauté qui la dépasse. Ainsi le beau est-il encore plus beau, parce qu'il est revêtu d'une gloire dont il n'est que l'incarnation.

Soif du beau. Plus ardente est la quête, plus pathétique le combat. « Il est de certaines sensations délicieuses dont le vague n'exclut pas l'intensité », soupire Baudelaire, dans *Le Spleen de Paris*, « et il n'est pas de pointe plus acérée que celle de l'Infini. Ah ! faut-il éternellement souffrir, ou fuir éternellement le beau ? Nature, enchanteresse sans pitié, rivale toujours victorieuse, [...] [c]esse de tenter mes désirs et mon orgueil.

L'étude du beau est un duel où l'artiste crie de frayeur avant d'être vaincu. » Oui, rien de beau ne se conçoit, rien de grand ne se construit sans douleur ni souffrance.

Pas d'art véritable, non plus, sans effort d'élucidation intérieure. Et pas d'œuvre d'art véritable sans la réalisation, en soi, de l'unité intérieure. Dans l'écriture, l'artiste restera toujours un tailleur de phrases comme un ciseleur de mots. Souffrance, certes, mais aussi bonheur, car le but est atteint si le mot, par sa seule *aura*, par son seul rayonnement, fait mouche sur l'esprit, si un accord parfait, une sorte de consanguinité spirituelle s'établissent entre créateur et lecteur. L'art peut alors connaître une sorte de grâce.

La beauté authentique se joue des coutumes et des modes. Non qu'elle les méprise ou qu'elle les raille. Mais sa sphère est ailleurs. Elle traverse temps et espace pour mieux épouser les contours de l'éternité. La beauté authentique, comme, à l'inverse, le laid absolu, ne passe jamais inaperçue. Elle laisse toujours flotter dans son sillage comme un parfum indéfinissable. Elle stimule, elle réconforte, elle apaise, elle épanouit. Et elle purifie. Dans un texte resté fameux de *L'Impromptu de Paris*, Giraudoux fait dire à Louis Jouvet : « Demain, ou bien vous vous réveillerez plus lourd, vous aurez des nausées à l'idée du travail, vous serez précis, méticuleux, non purifié, non ressuscité, non embaumé, c'est que la pièce était mauvaise. Ou bien vous aurez en vous une poche d'air, vous sourirez aux anges, un horloger s'occupera à remonter dans votre cerveau les saisons et les heures, l'indignation et la douceur : c'est que la pièce était bonne. »

C'est le propre de l'art – mais aussi sa noblesse – d'ouvrir à l'homme une fenêtre sur un monde qui le dépasse : l'infini. Un rayon de Vermeer, un *andante* de Mozart grandissent toujours l'âme en la portant souvent au-delà d'elle-même, à cette pointe extrême qui lui fait entrevoir, fût-ce le temps d'un éclair, un monde hors du monde : celui de l'absolu.

L'art véritable est toujours lumière mais souvent fragile papillon empêtré dans d'opaques ténèbres. C'est le prix du beau, arraché à l'éphémère. Sans l'éphémère, l'art ne saurait exister. Avec l'art, le réel se trouve, d'un seul coup, non pas projeté hors de lui, non pas désincarné, mais transfiguré, régénéré. Un soleil, venu d'une autre planète, l'a soudain éclairé, réchauffé. Une grâce venue d'ailleurs a comme ruisselé sur lui : la grâce du chef-d'œuvre, révélation permanente et toujours renouvelée d'un autre monde qui sollicite sans cesse la soif de l'homme. Tout grand artiste creuse en nous des brèches de lumière.

Et tout grand art, en définitive, n'est peut-être que transfusion d'âme. Voyez Vermeer. Son univers baigne dans deux lumières aussi fascinantes l'une que l'autre. Une lumière tout extérieure : la lumière du Nord, un peu froide, un peu mate, qui dore de façon presque irréelle les scènes de la vie quotidienne. C'est *La Ruelle* du Rijkmuseum d'Amsterdam. Mais il y a l'autre lumière, la lumière intérieure, qu'à force de délicatesse et de fraîcheur, le peintre parvient à insuffler à un visage. Lumière surnaturelle, suprasensible, qui baigne le visage et, en lui, son point central, son foyer : le regard. Miracle de transparence et de noblesse, dans la simplicité de la touche. Miracle, aussi, de douceur et de pureté. C'est *La Jeune fille au turban*, du Mauritshuis, de La Haye.

Révélation, dans un visage, du regard, dans sa pureté première, originelle. « Voyez », écrivait Claudel dans *L'Œil écoute*, « cette pupille au centre d'un œil bleu qui est la convergence de tout un visage, de tout un être, une espèce de coordonnée spirituelle, un éclair décoché par l'âme. » Par sa soif de transparence extérieure et intérieure, Vermeer attise en l'homme sa soif d'absolu. C'est son mystère et son secret. C'est l'alchimie de son art.

Prestige de la lumière. Presque deux siècles avant Vermeer, Léonard de Vinci, dans une intuition éblouie du mystère, écrivait déjà : « Regarde la lumière et admire sa beauté. Ferme l'œil et observe. Ce que tu as vu d'abord n'est plus et ce que tu verras ensuite n'est pas encore. » Champ clos de la vision. Alchimie d'une lumière intériorisée et recréatrice de réel. Si l'art, qui se nourrit toujours du réel, jaillit parfois sous forme d'étincelles, il faut beaucoup d'étincelles pour faire un brasier de génie.

Il est difficile pour l'artiste de nier en lui la présence d'une étincelle mystérieuse et quasi divine. C'est ce que pense Laurent Terzieff qui écrit : « Je suis convaincu que tout ce qui est artistique procède du religieux. » L'art est peut-être l'une des plus hautes marches qui conduisent au divin, et la beauté n'est, sans doute, comme le disait Aristote, que « l'éclat de la divinité ». Ainsi, à travers son dépouillement même, l'art roman ne parle-t-il jamais, uniquement, le langage de la terre. Par la pureté de ses lignes, la beauté romane est rayonnement et concentration du divin.

Double fraternité du chef-d'œuvre. Les œuvres sublimes ne sont rien d'autre, en définitive, que variations multipliées sur le thème de la beauté. Rien ne sépare une *maxime* de La Rochefoucauld d'une eau-forte de Rembrandt, comme rien ne sépare, en son fond, un sonnet de Baudelaire d'une toile de Delacroix ou d'un opéra de Wagner. L'artiste, toujours, invite l'homme à rencontrer la beauté, une beauté permanente et intemporelle. Mais l'œuvre d'art brille aussi d'une fraternité tout autre : elle est ciment d'unité entre les hommes.

La musique : ombres et lumières

Une alchimie

« La Musique creuse le ciel », observait Baudelaire. Par là même, n'appartiendrait-elle pas implicitement à la terre ? Ne s'enracinerait-elle pas dans la terre des hommes ? Telle est, en effet, toute sa richesse : dans son ambiguïté même. Incarnée, elle ne cesse de clamer ses limites comme pour mieux étreindre un absolu qui se dérobe à elle. Transcendante, il lui faut toujours revenir à l'humain comme pour mieux nous rappeler notre identité de fils d'homme.

Pourquoi donc, parmi tous les arts, la musique mériterait-elle un traitement de faveur ? Pourquoi elle, plutôt qu'un autre ? La peinture, par exemple, art si prisé par l'homme et qui regroupe, à ce titre, des chefs-d'oeuvre universels. La musique : un art à part ? Peut-être, et cela depuis la nuit des temps ; depuis que les muses ont décidé de faire de la musique leur bien à elles, lui délivrant ainsi l'onction des origines.

La musique est, en effet, avant tout, l'art des muses, cet art si proche de la poésie et donc d'une inspiration quasi divine. D'où une grâce et une *aura* qui sont toutes particulières. Allons plus loin : la musique possède une incontestable alchimie. Elle est elle-même, essentiellement, alchimie. Alchimie des sons au service d'une communion établie, par elle, avec l'âme de l'auditeur.

Depuis que, six siècles avant Jésus-Christ, Pythagore, passant par hasard devant la boutique d'un forgeron, fit la découverte de l'harmonie, nous savons que la musique est, avant tout, un art des sons. Avant d'être un plaisir esthétique, elle est un plaisir physique, sensoriel, une jouissance même parfois, une jubilation sonore. Le sentiment du Beau, en musique, n'est jamais désincarné. Il naît toujours d'une sensation, d'une vibration sonore. Vibration toute physique et qui agit en nous, sur-le-champ, à la manière d'un révélateur.

Et c'est peut-être la musique sacrée qui joue le plus ce rôle de révélateur, cette révélation à l'âme, par l'un des chants les plus purs, du paradis perdu. Dévoilement, quoique partiel et donc imparfait, de l'univers intérieur de l'artiste, la musique *révèle* nos désirs informulés, nos rêves balbutiants, nos tristesses et nos joies les plus enfouies. Elle révèle aussi, le plus souvent, le meilleur de nous-mêmes : notre soif d'amour, notre noblesse de cœur, notre quête d'infini, notre désir de dépassement. La musique ouvre toujours en nous une brèche de mystère, en se faisant l'écho, ou le complice, de notre chant intime. Elle nous dispense même parfois de nos larmes quand nous voudrions, sous son philtre même, les verser.

La musique s'adresse d'emblée à nos sens. Et de même que nous ne devrions jamais nous éloigner de la peinture, qui nourrit et affine le regard, de la littérature, qui féconde l'intelligence, nous ne devrions jamais nous éloigner de la musique, qui nourrit le cœur et l'âme. Parce qu'elle nous atteint directement, sans intermédiaire rationnel ni intellectuel, sans autre médiation que celle des sons, la musique nous fascine, nous envoûte, nous transporte souvent au-delà du raisonnable. Art d'incantation, la musique verse directement en nous son trésor de rythmes, de sonorités, d'harmonies. La musique est une grâce : elle a la rapidité de l'éclair et de la fulguration.

Et l'on sait quel magnétisme anime cette force mystérieuse qu'est la musique. Houle des cuivres, chant des cordes, caresse des vents, la musique ne demande qu'à se dissoudre et qu'à macérer, en quelque sorte, chez celui qui accepte de faire corps avec elle.

Nous savons bien que notre planète intérieure, celle de nos songes et de nos rêves, ne saurait se plier à la moindre uniformité. Nous savons que le cœur humain est une terre de contrastes. Or, quelle que soit l'œuvre interprétée, la musique exprime toujours, en un parfait raccourci, les contradictions de ce cœur, ses zones d'ombre et de lumière. Á *tempos* divers, faces diverses de notre être. Nous avons tous notre propre tempo, notre tempo intérieur, unique et pourtant soumis aux vicissitudes de la vie. Nous avons nos *adagios*, nos *andantes*, nos *allegros* qui nous bercent, nous enchantent ou nous exaltent au gré des événements de la vie.

Notre tempo est à notre esprit ce que notre cœur, physique, est à notre corps : le métronome fidèle de notre vie intérieure. Contraction et dilatation, systole et diastole, ce métronome n'ignore rien des mouvements alternés du cœur humain.

Sublime alchimie que celle de la musique, qui peut à la fois calmer l'angoisse et susciter la joie. Subtile alchimie aussi, qui orchestre et ordonne nos rêves, nos songes et jusqu'à nos silences, qui dit et qui chante, en un langage écrit pour nous seuls, nos différents paysages intérieurs. La musique est toujours un chemin vers soi-même, une rencontre avec soi-même. C'est à elle que nous devons le bonheur, et peut-être la grâce de nous rejoindre, de nous réunifier au plus profond de nous-mêmes.

Montesquieu disait qu'il n'y avait pas de chagrin qu'une heure de lecture ne lui ait ôté. Il en est de même pour la musique, cette pharmacie des âmes. Dilatation ou expansion de soi, elle allège le cœur tout en exaltant l'esprit. Elle brûle en l'homme toutes les scories de l'existence. C'est son secret et sa magie. « La musique : un sixième sens ? », s'interrogeait Arthur Rubinstein. Peut-être. Elle constitue, en tout cas, pour l'homme un baume puissant, une sorte de massage spirituel.

Musique et culture

Comme telle, la musique répondrait donc à une soif ? Certainement. Comme d'ailleurs, toute musique. Par ses racines, la musique, en effet, tient d'abord à une terre, à un peuple, à une culture. « Si l'on veut connaître un peuple », disait déjà Platon, « il faut écouter sa musique. » On le voit, par exemple, dans la musique de Béla Bartòk, qui tire toute sa saveur d'un terroir et d'un folklore : la Hongrie. La musique est une motte indissociable d'une terre. Et nous comprenons mieux les rapports quasi consanguins du compositeur et de son interprète. Mozart et Karl Böhm pour l'Autriche, Ferenc Fricsay et Bartòk pour la Hongrie, Beethoven et Furtwängler pour l'Allemagne, Samson François et Ravel pour la France, John Eliot Gardiner et Händel pour l'Angleterre. Le sol qui porte le génie est souvent aussi le socle de l'interprétation inspirée.

Même observation pour la culture portugaise où le *fado* continue de jouer un rôle essentiel : exprimer l'âme d'un peuple en descendant, comme le dit la chanteuse Amália Rodrigues, « jusqu'aux profondeurs de [son] être. » *Fado, fatum* : ces mots, on le sait, désignent le destin, aux traits souvent cruels pour l'homme des origines comme pour l'homme contemporain. Un destin que, faute d'empoigner, il importe moins de subir que de combattre, souvent dans l'énergie du désespoir, par l'exorcisme du chant et de la musique.

Le *fado*, a-t-on dit non sans raison, était la mémoire, à terre, des marins portugais, descendants plus ou moins proches des premiers navigateurs, des Diaz et des Vasco de Gama qui, au XVe siècle, se lancèrent dans l'aventure maritime à la découverte de terres nouvelles. Une soif les habitait – soif de connaître, de savoir, de découvrir d'autres peuples et d'autres cultures. Mais en même temps pointait en eux une secrète angoisse : allaient-ils revenir au pays, après avoir, des mois et des années durant, sillonné des mers inconnues, le plus souvent hostiles ? Allaient-ils revenir ? Le savaient-ils seulement ? Toujours est-il que s'est planté en eux le dard de l'absence, liée, pour eux, à la fréquence et à la longueur des voyages, mais aussi au départ vers l'inconnu. S'en est suivie une profonde tristesse que seul le chant semblait pouvoir conjurer. Le *fado* était né, expression musicale de la *saudade*, ce chagrin de l'absence ou de la mort, proche du spleen dans son mouvement nostalgique et souvent informulable.

Mais tenter par le chant de formuler l'informulable, tenter de ressusciter les amours perdues comme le temps englouti, n'est pas l'apanage du Portugal. C'est l'univers entier qui, à travers la musique, pourrait se reconnaître dans ce balbutiement du secret. Si la terre de Camoens peut, à juste titre, se prévaloir du mythe du premier *fado marinhero* (chant de marins), le Pérou, lui aussi, connut sa *marinera*, forme de danse dont la mer était la grande inspiratrice. N'en doutons pas : la voix d'Amália Rodrigues est sœur de celle des joueurs de *kena* péruviens, cette flûte indienne, d'origine précolombienne, porteuse des mêmes accents, des mêmes tristesses. Negro-spiritual, gospel, jazz iront sans doute encore plus loin pour arracher à la nuit humaine des lambeaux d'aurore.

Chacun sait que le negro-spiritual – chant noir religieux – est un type de musique sacrée né au XVIIe siècle chez les esclaves noirs des États-Unis et qui sera à l'origine du mouvement gospel. Pour rythmer leur travail pénible dans les champs, où il leur était interdit de parler, ces esclaves fredonnaient les *work songs* (chants de travail). Chants simples, sans accompagnement, scandés de phrases courtes et cinglantes. Expression solitaire, la voix noire se faisait alors médiatrice avec les dieux et les forces surnaturelles auxquelles chaque ethnie, si différente fût-elle, tentait de se relier (c'est le sens de *religio*, lien sacré) pour survivre sur une terre encore inconnue. Des pièces comme *Nobody Knows de Trouble I've Seen* ou *Deep River*, (d'ailleurs magistralement interprétées par Barbara Hendricks), montrent, s'il en était besoin, comment des esclaves, venus d'Afrique, apportèrent avec eux, dans un pays neuf, tout un héritage musical, absolument unique dans ses structures formelles, son originalité rythmique et sa liberté mélodique. Un fonds qui devait d'ailleurs s'enrichir des apports du christianisme, embrassant d'autant mieux cette religion qu'elle renversait les inégalités et apportait la promesse de voir réparer au ciel les épreuves subies sur la terre.

Quant au gospel, il est, lui aussi, un chant religieux chrétien, se développant en même temps que le jazz et le blues primitifs. Né, lui aussi, de l'espérance en un monde meilleur et, singulièrement, en celui de l'au-delà, le gospel est incontestablement révolte contre une

Amérique raciste. Révolte musicale, il est l'expression de la souffrance des Noirs, récemment émancipés mais demeurant encore sous l'autorité des Blancs, notamment dans les États du Sud.

Le jazz, lui, trouve ses racines dans le negro-spiritual lui-même. Mais seulement ses racines, car il possède une vocation qui lui est propre. Il naît, en effet, de l'opposition entre Noirs et Blancs qui se perpétue aux États-Unis au XIXe siècle. Opposition qui, tout au long de son existence, le fera évoluer dans un perpétuel va-et-vient entre deux cultures. D'un côté, la culture noire, la culture de l'opprimé, avec sa revendication farouche d'identification et de création propre. De l'autre, la culture blanche, toujours à l'écoute de la nouveauté.

Musique incomprise, voire méprisée à ses débuts, principalement en raison de son origine sociale, le jazz s'est progressivement imposé. La Nouvelle-Orléans est devenue l'étendard de la juste revendication humaine, la cathédrale de l'espérance noire. Ainsi negro-spirituals, gospel, jazz devinrent ces torches lancées dans la nuit humaine pour tenter d'y voir vaciller la naissance d'une aurore, celle de la liberté, de la justice, de l'espérance.

Souvent enracinée dans une terre spécifique, la musique possède aussi une résonance plus générale : elle gomme les frontières entre les hommes et crée entre eux une amorce d'unité. Davantage (et ce sera l'inlassable combat d'un Yehudi Menuhin), elle entend toujours promouvoir l'harmonie entre les peuples en essayant de supprimer entre eux toute barrière.

Musique et spiritualité

À vrai dire, plus qu'à une soif particulière, nettement identifiée, la musique répond, en l'homme, à différentes soifs souvent diffuses. De tous les arts, la musique est peut-être pour lui le plus précieux. Sans elle, il resterait souvent aux portes du mystère, le sien et celui du monde. De tous, la musique est celui qui l'y fait le mieux pénétrer. Souvent vecteur d'une soif, consciente ou non, d'absolu, le langage musical, toujours aux marges de l'ineffable, introduit l'homme dans le monde de l'Idéal. Par une magie qui lui est propre, ce langage lève un coin du voile sur une autre réalité que la réalité quotidienne : une réalité transcendante.

De tous les arts, la musique est peut-être le plus secret et le plus profond, parce qu'il met l'homme en contact immédiat avec ce qui le dépasse, avec l'au-delà. Et c'est toujours à la musique qu'il faut, en définitive, revenir. Plus que la peinture, en effet, pourtant somptueuse dans ses formes et dans ses couleurs, plus que la littérature, pourtant souveraine d'abstraction, la musique détient sur l'homme un pouvoir privilégié :

celui de le transporter, sans effort apparent, au seuil de l'invisible. Avec elle, nous côtoyons les étoiles.

Ne nous étonnons pas que la musique soit l'une des images les plus vraies et les plus fidèles de la vie. Elle est, par des voies qui lui sont propres, l'expression la plus ramassée, la plus condensée, la plus épurée des sentiments humains. Elle est surtout l'épiphanie d'une soif, la manifestation d'un désir qui ne cesse d'habiter le cœur humain : le désir de l'au-delà.

Étrange pouvoir que celui de la musique : en même temps qu'elle l'apaise, elle fouette notre soif d'absolu. C'est surtout vrai de la musique qui atteint immédiatement l'oreille de l'âme. Celle des plus inspirés. Musique venue d'ailleurs et dont la pureté même nous procure souvent une indicible joie mais qui, dans le même temps, nous révèle nos imperfections et nos limites. Musique de l'âme, qui est fenêtre sur l'infini. La musique de Jean-Sébastien Bach est de celles qui reflètent le plus profondément notre soif d'absolu. Celle qui l'étanche aussi le mieux, en lui apportant une authentique réponse. La musique devrait toujours empoigner l'âme. C'est l'une de ses missions. Elle devrait toujours, l'espace d'un instant, faire oublier la terre pour nous faire entrevoir un pan d'éternité.

Car la musique, considérée dès l'Antiquité comme un don de Dieu, doit nous ouvrir à la vie spirituelle et nous révéler l'éternité. L'art se rit du temps et des modes, sa seule mission étant de procurer à l'homme une sensation d'absolu. Il n'est affaire ni d'âge ni de génération, mais pousse ses plus belles fleurs sur les terres toujours vierges de la beauté. La soprano Natalie Dessay, dans Mozart, ne le cède en rien au brio de son aînée Élisabeth Schwarzkopf, pas plus que le baryton Matthias Goerne, dans Schubert, ne le cède à celui d'un Dietrich Fischer-Dieskau. La battue d'un Furtwängler ou d'un Klemperer faisait merveille à leur époque, tandis que de nos jours certains leur préfèrent, pour son dynamisme et sa vivacité, celle d'un Nikolaus Harnoncourt. L'art hait les ghettos. Il se nourrit toujours d'air pur, d'air renouvelé.

Il y a une vérité de la musique, comme il y a une vérité de la peinture ou de la littérature. Et c'est tout naïvement, mais avec beaucoup d'à propos que le joueur de flûte des *Maîtres Sonneurs*, de George Sand, livre sa passion pour l'art d'Orphée. « Il y a une vérité dans ce qu'on entend comme dans ce qu'on voit. Ça parle, ce méchant bout de roseau ; ça dit ce qu'on pense ; ça montre avec les yeux ; ça raconte comme avec les mots ; ça aime comme avec le cœur ; ça vit, ça existe. » Dans *La Flûte enchantée*, non moins émerveillé par la magie de son instrument, Tamino ne dira rien d'autre :

« Quelle n'est pas la puissance de ton son enchanté,
Si, gracieuse flûte, même les bêtes sauvages
Éprouvent de la joie à t'entendre. »

Oui, la musique est vraiment un enchantement, un talisman, une grâce. Sa portée est sur-naturelle. « La musique », dit la pianiste Hélène Grimaud, « est la langue maternelle de Dieu. » Elle nous offre à volonté des parts de lumière. Elle détient sur nous un pouvoir d'irradiation. Elle est la manifestation, en nous, du divin : une théophanie. Mieux que toute sagesse et toute philosophie, elle révèle à l'âme « les splendeurs situées derrière le tombeau », dont parle Baudelaire. Ainsi la musique met-elle l'âme au diapason du monde et permet-elle, en quelque sorte, de s'entretenir avec l'au-delà ; elle est le langage de l'âme qui permet l'approche du sublime.

Mozart : une divine clarté

Ce langage de l'âme, nulle musique peut-être, mieux que celle de Mozart, ne nous en donne l'idée. Car Mozart n'est pas seulement unique par la précocité de son génie, ni par l'extrême variété de ses dons. Il l'est bien davantage par la portée de son message, par l'enjeu de sa musique, par la qualité de sa voix. Mozart est, à ce titre, un météore unique dans le ciel de la musique occidentale.

Sa musique est le miroir de notre condition, dans sa foisonnante diversité comme dans ses multiples contradictions. Bach ajoutait à la profondeur humaine de son chant l'insondable profondeur de Dieu. Il sublimait l'humanité de l'homme en la plongeant dans le sein infini de Dieu. Mozart, lui, prend en compte la totalité de l'homme, qu'il traverse de part en part. Il assume l'humanité de l'homme tout entière, joies et souffrances confondues, et il les transfigure par l'alchimie de son art et la pureté de son chant. Un chant qui couvre la gamme de tous les sentiments humains, du cynisme le plus noir et le plus dépravé, comme dans *Don Giovanni*, à la tendresse la plus exquise, comme dans *Les Noces de Figaro*.

Mozart est pétri de la même humanité que nous. Ses joies sont nos joies, ses désirs nos désirs, ses amours nos amours, ses souffrances nos souffrances. Et sa musique n'est rien d'autre qu'une musique de l'attente, de l'attente fébrile, de l'impatience. Musique toute tournée vers l'ineffable rencontre. Mozart est une grande voix dans la grande nuit des hommes. Nuit du cœur, de l'esprit, de l'âme. Mozart épouse de tout son être notre humanité et l'incarne dans un chant qu'il ne cesse, pourtant, de sublimer. Son miracle ? Pouvoir, par son enchantement même, trouer la nuit humaine et dissoudre toute souffrance, illuminer la vie en la transfigurant.

La souffrance. Pour s'être si souvent colleté avec elle durant sa brève existence, Mozart sait trop bien qu'il ne peut la supprimer. Mais il sait aussi qu'il peut la contourner, ruser avec elle, en lui tendant subrepticement l'invisible filet de son chant. Faute de pouvoir la juguler, Mozart tente toujours de lui donner un visage différent, voire opposé, un tour contraire à toute logique humaine : le tour et le visage de la joie. Mais quelle joie dans cet étroit défilé de l'existence humaine ? « Une joie exilée, faite pour témoigner de génération en génération, devant les hommes éphémères, follement attachés à ce qui se passe, qu'il existe un 'ailleurs' éternel », écrit Mauriac.

Le secret de Mozart et sa force : transformer toute souffrance humaine, même passagère, en joie éternelle. Et c'est peut-être Gide qui, dans son *Journal*, est allé le plus loin, s'agissant de cette joie, si particulière à l'univers mozartien : « La joie de Mozart : une joie qu'on sent durable ; joie faite de sérénité ; et la phrase de sa musique est comme une tranquille pensée ; [...] toutes les émotions s'y jouent, mais comme déjà célestement transposées. »

Car Mozart croit fermement, résolument, que l'homme, en dépit de tout, est fait pour le bonheur, comme l'oiseau est fait pour le ciel et l'arbre pour la terre. L'homme tend naturellement au bonheur, comme la plante vers le soleil. La vie est belle, pense-t-il. Le monde est beau, en dépit de tout. C'est tout le sens de l'*Adagio* du *Concerto pour clarinette* composé moins de deux mois avant sa mort. Mais, pour être pleinement heureux, l'homme, selon Mozart, doit mériter son propre bonheur. Il doit le gagner. C'est un bonheur exigeant et qui s'inscrit dans la durée, qui tord le cou à la souffrance en la rejetant au magasin des accessoires. Souffrance qui, souvent, se résout chez lui, comme pour mieux se duper soi-même, en pirouettes bondissantes d'enfant espiègle. Et c'est ainsi que nous entendons parfois battre le cœur du vrai Mozart à travers le mouvement méditatif d'un *adagio* rêveur et plaintif. Miraculeuse et furtive parenthèse. Mozart est là, tout entier, souriant à travers les larmes. Le doux tamis d'avril filtrant les giboulées d'hiver.

Et il en est de certaines pièces de Mozart comme de certains films de Chaplin. Tout y est sautillement, bondissement, mais pour mieux masquer l'insondable profondeur de la vie. Tout rit, tout sourit, mais d'un rire amer et contraint, souvent annonciateur de larmes. L'apparent badinage peut être le meilleur exutoire à l'angoisse.

C'est, en effet, à un perpétuel dépassement de soi dans l'épreuve et dans la souffrance que nous invite la musique de Mozart. Prendre conscience des contingences de la vie terrestre, non pour les fuir mais pour les assumer, les transcender. Par la souffrance vers la joie : avant Beethoven, Mozart sut imprimer à son chant cette exigence de l'esprit et du cœur que l'on nomme ascèse. Sa musique, sans cesse, nous arrache à nous-mêmes en nous tirant inlassablement vers le haut, en sublimant toute chose en fleur d'immortalité. Elle nous incite à une perpétuelle métamorphose, à une perpétuelle transfiguration. Elle nous porte à la cime de nous-mêmes et, souvent, bien au-delà.

Cet au-delà, c'est l'absolu mozartien. La musique de Mozart, surtout dans sa phase ultime, est une quête désespérée d'absolu. Son itinéraire, celui d'une soif, jamais assouvie, de pureté. Musique qui, incessamment, tresse pour nous un pont entre ciel et terre, nous entrouvrant ainsi les portes d'un possible bonheur. C'est le message de ce chant : montrer à l'homme un chemin, faute de pouvoir lui donner, ici-bas, une issue et une clé.

La béatitude est une utopie, pense Mozart, dont la musique se veut simplement cri étouffé, cri répercuté à l'infini par l'immense caravane humaine. Musique tendue vers cette béatitude dont elle ne peut être, hélas ! que la douloureuse approximation. Il y a, chez Mozart, une volonté pathétique de bonheur qui n'est, en définitive, qu'une illusion. C'est le message, grave entre tous, de la musique mozartienne. Mozart : « un absolu de beauté », disait de lui, rageusement, son malheureux rival Salieri. Et de fait, aucune forme musicale tentée par Mozart ne devait échapper à son génie. Tout – sonates, duos, trios, quatuors, quintettes, concertos, symphonies, opéras, musique sacrée – tout, chez lui, porte le sceau de la perfection. Tout semble aller de soi, naturellement, comme frappé au coin de l'évidence. Et pourtant ce serait oublier ce que devait cette musique à un homme entièrement voué à elle, qui avait fait d'elle le tout de sa vie.

L'art du dernier Mozart, auquel on doit tant de beauté et de noblesse, n'est pas exempt de pathétique.

Art d'une respiration souvent réduite à un souffle, quand ce n'est pas à un silence. Souffle de l'extrême souffrance, de l'extrême dénuement, si proches, pour Mozart, de l'extrême bord de la vie. La mort s'impatiente. Elle est là, toute proche. Il est urgent de lui donner vie. Les notes, alors, se font plainte, soupir, silence, comme il sied au seuil d'un autre monde. Mouvements de l'extrême décantation que ces derniers *larghettos*, comme celui du *Quintette en la majeur*.

Jamais, peut-être, Mozart ne trouva alors meilleure adéquation de sa pensée à un instrument qu'il connut pourtant sur le tard : la clarinette. Au-delà d'une volupté du son, dont elle aime à s'enivrer, l'âme, ici, scelle un accord profond avec la nuit. Mystérieuses correspondances entre sons et couleurs. Mystérieuses correspondances, aussi, entre chant et aspiration à la lumière. La clarinette, avec son timbre doux et mat, sombre dans le grave, irréel dans l'aigu, avec son chant en demi-teinte résultant de sa fusion avec les cordes, la clarinette est sans égale pour suggérer une nuit à laquelle Mozart a, si souvent, demandé inspiration et asile. Nuit ou aube ? L'âme de Mozart hésite, comme suspendue, ainsi que le montre le *larghetto* de son dernier concerto pour piano. Elle hésite, prête à l'envol. Dans ce mouvement d'une sérénité extrême, Mozart, qui n'est plus tout à fait citoyen de la terre, ne l'est pas encore tout à fait du ciel. Il feint de nous quitter, lançant un ultime appel qui est aussi un ultime message : l'espérance.

En trempant ainsi sa plume dans l'encrier du ciel, Mozart prend en compte toute notre humanité. Il l'assume et il l'embrasse. Sa musique revendique peu de paroles, tant elle est, d'elle-même, élévation. Le chant suffit qui, à lui seul, est élan et lumière vers la beauté. Mozart suggère Dieu, comme personne, sans doute, ne l'avait fait avant lui et ne le fera, peut-être, après lui. Il le fait avec pudeur et avec noblesse, dans une économie de moyens propre à son génie. Sa musique implique, mais implique seulement, une foi solidement ancrée dans le surnaturel et dans le divin. Elle est une marche indispensable à l'élévation.

Mozart est d'abord, simplement, Mozart : planète unique dans le ciel de la musique. Un chant, avant tout, et un chant dénué de tout artifice, qui paraît naturel, instinctif. Un chant à l'état pur, natif, comme le minerai. *Grâce* est peut-être le mot qui convient le mieux à cet astre du XVIIIe siècle, à cet astre des Lumières, bien qu'il comporte en lui une grande part d'ambiguïté. La grâce… Qu'est-ce à dire ? S'agissant de Mozart, c'est peut-être, a-t-on écrit, « une insertion dans l'espace à la fois infaillible et toute aisance, l'épanchement d'un charme alliant joliesse et suavité. » La grâce de Mozart n'a rien à voir, en effet, avec le brillant, un peu facile, dans lequel on voudrait confiner son génie. Cette grâce n'est pas un décor qui serait, comme tout décor, extérieur à l'être même du compositeur. Elle fait, au contraire, partie de sa substance même. Elle en constitue l'essence. « Grâce toute céleste », commente le musicologue Adolphe Boschot, tandis qu'Arthur Grumiaux, le grand violoniste belge qui consacra sa vie à chanter et à scruter le mystère mozartien, se fait encore plus explicite. Voulant dégager l'essence d'un génie, il entend dénouer une contradiction qui n'est, chez Mozart, que pure apparence. Nulle opposition de pensée chez lui, mais plutôt heureuse alliance des contraires. « Finalement », résume Grumiaux, « le secret de Mozart reste la profondeur dans la grâce. »

Dès lors, rien de plus important pour l'auditeur que de chercher à débusquer, dans cette musique sans perruque et sans poudre, une grâce indissociable du tragique. Élégance ? Certes. Raffinement ? Sans aucun doute, mais qui excluent toujours, chez Mozart, toute superficialité. Témoin ces œuvres que l'on pourrait, à première vue, qualifier de « légères », si elles cachaient moins une irrépressible soif de pureté. Œuvres d'apparence primesautière, qui dissimulent, en définitive, plus d'un aveu, plus d'un secret. Ainsi de cette *Petite sonate pour débutants en ut majeur*, dite *Sonate facile.*

Mais le coup de génie de Mozart est d'avoir su – et d'avoir pu – nous faire entrer, d'emblée, dans son univers de limpidité et de transparence. À l'écouter, nous nous sentons comme affranchis du temps. Rien alors, pensons-nous, ne peut nous arriver de mal : nous sommes invulnérables. Et que de fois, après nous être laissés bercer par un *andante*, n'avons-nous pas été tentés de nous dire : « Déjà ! Encore, encore un peu », comme si, assoiffés de pureté, nous désirions inlassablement tremper nos lèvres à la source de la beauté. Grâce au chant mozartien et à sa limpidité de source, nous refaisons nos forces, l'espace d'un moment, nous nous recentrons sur nous-mêmes, parvenant à restaurer en nous l'équilibre de notre être intérieur. L'espace d'un moment, nous voici, grâce à Mozart, habités par une lumière qui n'avoue pas son nom : l'immortalité.

Mozart : une musique d'aurore, de premier matin du monde. Une musique qui ne s'explique pas, mais qui se vit, qui ne s'analyse pas, mais qui se goûte et se savoure, tel un vin délicat, à la mesure, non d'un plaisir qui fanerait, mais d'un bonheur, qui perdure. Moments d'intense bonheur, fussent-ils, çà et là, traversés de nuées, parfois épaisses. Avec Mozart pour compagnon de route, l'homme se surprend à être pur, comme la source et comme le ciel. Il se retrouve, à son contact, lavé, affranchi de toute pesanteur. C'est que Mozart délivre une grâce insigne : celle de se laisser approcher comme un oiseau.

Car Mozart n'est jamais loin de nous, si du moins nous acceptons de lui tendre la main, de lui tendre le cœur. Son génie est de ceux qui se laissent tendrement apprivoiser. Face à Mozart, la critique trébuche. Sa musique : un mystère ? Sans doute, mais aussi un viatique pour l'au-delà. C'est ce que pense l'un de ses interprètes inspirés, Ferenc Fricsay, qui trouvait, dans la musique de Mozart, l'interprétation et la représentation globale de l'être. « Pour moi », disait-il, « Mozart est le plus grand de tous les grands ; ses partitions représentent pour moi la traduction de la Bible en musique. Cet artiste, de tout temps lucide sur lui-même, a compris et reconnu que son âme ne pouvait trouver foi et accomplissement que dans la musique. Sa musique, qui réfléchit la vérité bien plus clairement et nettement que toute autre musique, a toujours communiqué un reflet du surnaturel et d'un monde imaginaire idéal. »

Écouter Mozart, c'est se laisser envahir par un fluide quasi miraculeux qui, toujours, régénère. Musique venue d'ailleurs, d'une autre planète, et toute vibrante de lumière. L'écouter ne peut laisser inchangé, identique à soi-même. L'écouter nous transforme en nous rendant meilleurs, à condition de nous montrer attentifs et comme livrés à son chant. « Quand on a entendu du Mozart », écrivait Sacha Guitry dans *Toutes Réflexions faites*, « le silence qui suit est encore du Mozart. »

Écouter Mozart est toujours une grâce, mais écouter le silence qui suit sa musique, un surcroît de grâce. Il faut écouter Mozart pour l'aimer, tout simplement. Cela nécessite, sans doute, un long apprentissage. On n'entre pas de plain-pied dans une musique céleste. Mozart réclame souvent, contrairement à un cliché tenace, une longue patience. Mozart se mérite, et le mériter, c'est mériter, avant tout, son cœur et son âme. C'est mériter l'humanité, dans ses grandeurs comme dans ses faiblesses, c'est mériter aussi l'humilité, la radieuse humilité d'un François d'Assise qui s'enracine dans l'humble joie de vivre.

Le réel et l'art : deux voies non pas concurrentes mais complémentaires pour trouver la beauté présente au cœur du monde et au cœur des hommes. Deux voies, aussi indispensables l'une que l'autre pour espérer voir vaciller l'aurore au-delà des ténèbres humaines. Tel est l'enjeu de la beauté. C'est son risque et sa profondeur. Le Beau est toujours un pari pour l'homme.

Dans sa volonté de servir tout l'homme et tout homme, c'est-à-dire l'humanité tout entière, la musique peut être ce pari, cette réponse éphémère, fugitive, à l'épaisse nuit des hommes. Une petite lueur, mais une lueur obstinée, têtue, persistante. Peut-être les premiers feux d'une aurore.

Chapitre VI

La beauté du cœur

Le regard humain : une porte sur l'aurore

Si la beauté a un langage – le réel ou l'art –, le regard en possède un, lui aussi, mais qui n'est pas de même nature. Langage en deçà ou au-delà de la communication ? Difficile à dire. La parole, parfois, peut hypertrophier la communication et attenter ainsi à son mystère. Le regard humain, jamais. Car il faut prendre le temps d'écouter avec les yeux. On découvrirait alors, en soi et autour de soi, mille soifs, mille puits.

Voir. Regarder. On peut voir sans regarder. Mais si on re-garde l'autre, on y prend garde deux fois. On redouble d'attention à son égard. Regarder, c'est beaucoup plus que voir. C'est garder en soi l'image de quelqu'un, c'est se mettre à l'affût de l'autre, l'attendre, le guetter, le surprendre. C'est lui donner toutes ses chances et avoir foi en son identité, à lui. Si l'on faisait arrêt sur image, arrêt sur visage, on verrait souvent le reflet d'une présence qui défie le temps et l'espace. « Les yeux », a-t-on dit, « sont le miroir de l'âme. » Mais ne sont-ils pas aussi fenêtre de l'âme, dans la mesure où ils permettent souvent l'accès à cette part la plus enfouie de nous-mêmes ? On peut moduler, contrefaire sa voix, selon les besoins ou les circonstances, mais non son regard qui, toujours, se livre désarmé, nu.

La Bible, d'ailleurs, fourmille de réflexions pleines d'humanité, lorsqu'elle évoque le regard humain. « La lampe du corps », dit-elle, « c'est l'œil. Si donc ton œil est sain, ton corps tout entier sera dans la lumière. Mais si ton œil est malade, ton corps tout entier sera dans les ténèbres. Si donc la lumière qui est en toi est ténèbres, quelles ténèbres ce sera (Mt 6, 22-23). » C'est qu'il existe une spiritualité du regard comme il existe une spiritualité de l'art ou du réel. Tout réside, en définitive, dans la trajectoire du regard et dans son orientation qui est, avant tout, orientation du cœur. De la qualité du cœur dépend la qualité du regard. Soyons et devenons ce que nous regardons. Notre regard, c'est notre cœur.

En outre, le regard n'est jamais indépendant de l'être. Il fait corps avec nous dans la mesure où nous sommes intimement liés à lui, où nous sommes lui. C'est l'âme et le cœur qui transmettent leur lueur au regard. Et le seul regard qui, en définitive, importe est le regard du cœur, traduction fidèle de notre visage intérieur dont nos yeux charnels ne sont que la pâle approximation.

Car le regard du corps n'est rien en comparaison du regard du cœur. L'un s'en tient aux apparences, l'autre à l'essence. C'est le secret du renard, confié au Petit Prince, de Saint-Exupéry : « On ne voit bien qu'avec le cœur. L'essentiel est invisible pour les yeux. » Le vrai regard est le regard du cœur, comme le regard vrai est toujours la signature du cœur.

Mystère parfois impénétrable que celui qui émane d'une pupille humaine. Et pourtant, quel puissant révélateur de l'être, jusque dans ses profondeurs ! Alors que Rembrandt vivait dans un rêve et peignait souvent des visions traversées de lueurs surnaturelles, Vermeer, son contemporain, restait fidèle à la réalité mais tentait de la transfigurer en créant de la beauté. Expression d'une transparence intérieure – *La Jeune fille à la perle* – ou d'une énigme – *La Jeune femme avec une servante tenant une lettre* –, le pinceau entend toujours restituer la vérité d'un regard. Et comme si ce souci de réalisme psychologique ne suffisait pas à Vermeer, il veut aussi nous faire participer à cette fête de la vérité artistique en nous prenant comme à témoin de ce qu'il voit et de ce qu'il recrée sans déformer.

Nous voici avec lui, non plus devant la toile mais en elle, non plus devant un regard mais en lui. Et, chaque fois, le miracle opère : l'aimantation du regard par un autre regard, l'intime fusion de notre œil intérieur avec le regard représenté. C'est que le regard humain est, avant tout, une force, et une force qui interpelle toujours un autre regard et qui s'y plonge. Ce regard est aussi un puits où l'homme peut se perdre pour mieux se retrouver.

Il y a mille façons de regarder quelqu'un, de tourner son regard vers lui. On peut fixer son regard, comme on fixe un clou sur une planche. On peut le décocher, comme on décoche une flèche. On peut immobiliser son regard pour essayer de mieux comprendre, de mieux cerner l'autre, mais aussi pour mieux le désarmer, mieux le désarçonner.

On peut aussi poser son regard comme on poserait sa main sur une main amie ou souffrante. Regard de bienveillance et de tendresse, regard d'accompagnement et non de fixation. Regard sur autrui, pour lui-même, et non regard sur soi. Regard de dépossession de soi-même, qui est élan et désir d'union à l'autre. Poser son regard sur quelqu'un, c'est vouloir adhérer le plus possible à son identité, sans attenter à son mystère. C'est vouloir ajuster le plus possible son regard au sien. Cela demande du temps et exclut toute hâte. On ne pose pas son regard sur quelqu'un à la volée. L'ajustement est toujours l'ennemi de la précipitation.

Il existe des regards droits, comme il existe des lignes droites, des regards, pour ainsi dire, rectilignes. Cela s'appelle la droiture. Mais il existe aussi des regards tout autres, des regards de fuite, toujours instables, toujours mouvants. Le regard droit, lui, est, comme la ligne droite, le plus court chemin dans la connaissance de soi et des autres. L'œil intérieur suit une trajectoire aussi précise et fluctuante que notre œil physique. Organe de notre liberté, il l'est aussi de notre responsabilité. Nous imprimons toujours notre volonté à notre regard, qu'il soit tourné vers nous-mêmes ou vers les autres.

Or, rien n'est peut-être plus ambivalent qu'un regard humain.
Le regard guérit ou blesse
Le regard réchauffe ou gèle

Le regard embellit ou salit
Le regard fait vivre ou tue.
Il y a des regards de haine et des regards d'amour
Des regards qui rafraîchissent et des regards qui
Souillent
Des regards qui embrasent ou qui sèment la nuit
Des regards de ruse, tout fripés, racornis
Et des regards limpides tout trempés de rosée
Il y a des regards qui suintent l'ennui ou qui
Regorgent de vie
Des regards lisses ou des regards rugueux
Des regards blasés ou des regards frais
Des regards cadenassés ou des regards libérateurs
Des regards vides ou des regards pénétrants
Des regards qui sèment l'espoir
Des regards creusés par le silence ou gonflés de
Présence
Des regards de tendresse ou d'ardente fournaise.
Le regard est un puits qui peut être asséché
Qui peut être un désert ou une tendre oasis
Qui peut être un tranchant ou une brise légère.
Le regard est présence tout autant que silence
Caresse pour celui qui aime comme pour celui
Qui est aimé
Mais toujours un soufflet pour celui qu'on rejette
Ou que l'on vomit.
Un rien suffit souvent pour qu'un regard
S'allume à un autre regard
Un rien pour que naisse ou flétrisse la fleur d'un
Sourire.

Le silence en écho de deux regards complices
Peut féconder la nuit.
Le regard : une arme pour qui veut en user,
Mais aussi une rose pour qui veut bien l'offrir.
Le regard est une fleur sublime, quand il est don.
Il peut être trésor comme il peut être tombe.

« Les yeux des pacifiques sont bienveillants », avait coutume de dire Madeleine Delbrêl, « et leurs compagnons de route s'y réchauffent comme au coin d'un feu. » La bienveillance, c'est l'art de bien regarder. La bienveillance n'est ni complicité, ni cécité. Elle est l'art de voir ce qui est promesse, grâce, beauté. La bienveillance encourage et soutient, toujours. Elle stimule sans jamais se laisser abuser. Être bienveillant, c'est vouloir le bien. C'est vouloir du bien. La bienveillance est la merveille d'un regard qui fait exister. Le regard fécond – celui qui fertilise le regard de l'autre – transforme tout désert en oasis. Et c'est en regardant l'autre qu'on peut le plus facilement se détourner de soi.

Tel le brin d'herbe qui, chaque matin, se purifie au contact du jour qui naît, le regard humain peut, lui aussi, connaître d'incessantes genèses dont le visage est l'écrin. Joie ou tristesse, larmes ou sourire, amour ou haine, colère ou tendresse : un regard peut connaître tous ces états alternativement. Il peut être défiguré ou transfiguré.

Défiguration par la souffrance ou par la mort. La mort, qui fige tout sur son passage et qui rend le regard au vide et à la nuit. Défiguration aussi par la haine et par la soif de vengeance, par la jalousie, par l'instinct de puissance, par le mensonge, par tout ce qui grouille et qui rampe au fond du cœur humain.

Mais transfiguration, aussi, du regard par la tendresse et par l'amour, par le goût et la passion de la vérité, par la droiture de la pensée et la rectitude du jugement, par l'honnêteté du témoignage. Transfiguration par la soif de beauté et de vérité. Nuit ou aurore : le champ d'un regard humain est illimité.

Ainsi n'a-t-on pas un regard, comme on aurait une maison. On conquiert son regard, jour après jour, car le regard n'est jamais du domaine de la possession mais du domaine de l'être. Il n'est jamais acquis une fois pour toutes, mais s'offre toujours à notre liberté, sans cesse renouvelée. On conquiert toujours son regard, car sa beauté n'est pas, d'abord, d'ordre physique mais d'ordre moral ou spirituel. Il est toujours une lueur arrachée à la nuit. L'homme n'a pas trop de toute une vie pour cultiver son regard et le jardiner.

Il en est, en effet, du regard comme de toutes les fonctions intellectuelles : il s'éduque. Mais sa spécificité est une spécificité à double face : le regard est tourné à la fois vers l'extérieur et vers l'intérieur. Tout passe par lui, immanquablement. C'est lui qui catalyse nos sensations comme nos sentiments. D'où l'influence capitale sur nous, consciente ou non, des images que nous enregistrons. D'où la nécessité, aussi, d'éduquer le regard, dès l'enfance, au bien et au beau. Le regard n'est jamais neutre.

Il faut soigner son regard, comme on soigne ses mains et son visage. Un visage offert à toutes les variations, à toutes les métamorphoses. Au vrai, l'homme ne finira jamais de travailler, de façonner son regard. L'entreprise est de longue haleine et toujours à remettre sur le métier. Il y faut des trésors de patience, d'humilité, de sagesse, une attention constante et soutenue à soi-même comme aux autres, miroirs de nous-mêmes et, à ce titre, irremplaçables instruments de *réflexion.*

Il faut soigner son regard, certes, mais surtout le gagner, ou le regagner, si d'aventure il nous a quittés, échappé, par inattention ou par manque de soin. Gagner son regard requiert une lente et longue et progressive maturation intérieure. Le gagner suppose, d'abord, une honnête prise de conscience de soi-même, une reconnaissance lucide et loyale de ses limites. Et c'est grâce à un ajustement, ou à un réajustement de tous les instants à la beauté du monde, conçu dans sa globalité, que le regard peut devenir, ou redevenir plus juste, c'est-à-dire plus ajusté au beau et au vrai. Soigner son regard pour mieux le mériter. Car il y a comme une thérapie du regard, une hygiène et des remèdes, qui s'appellent détermination, volonté, persévérance.

Osons ici une observation : le sourire est sans doute l'extrême pointe du regard, c'est-à-dire du cœur. Il est son vêtement le plus fin et le plus précieux. Muet, le sourire est souvent plus éloquent que d'insipides paroles, car il s'inscrit toujours dans le langage du secret et du cœur. On ne commande pas son sourire. On le vit et on le transmet. On est son sourire. Comme le regard, dont il procède, le sourire signe irréfutablement celui qu'il habite. Mais le sourire, aussi, est souvent chargé d'ambivalence. Réconfort et accueil, il peut être une fleur. Ironique ou haineux, une arme. Il peut être la fine fleur du regard comme sa plus terne flétrissure. Il peut être la perle d'un visage comme son eau morte et usée. Il peut être une nuit comme il peut être lumière. Il peut être une énigme comme il peut être clarté. Le sourire est toujours la cime du regard, son point sublime. Il suffirait souvent d'un sourire de lumière pour faire fleurir, ou refleurir, un désert humain.

LE PARADOXE DE LA PAUVRETÉ

Quand deux nuits se rencontrent, celle du pauvre, ignoré, rejeté, sans espoir, et celle du riche, gavé, égoïste, mais lui aussi sans espoir, parce que sans attente ni désir de dépassement, « cela s'appelle l'aurore », pour reprendre les derniers mots du Mendiant dans l'*Électre* de Jean Giraudoux. Une main désespérément tendue, ouverte : celle du pauvre. Une main désespérément fermée, crispée sur son avoir, sur son pouvoir : celle du riche. Mais deux mains qui peuvent se rejoindre et se serrer l'une l'autre, parce que des regards se sont échangés, rencontrés. Ne sommes-nous pas dans nos vies, tour à tour, l'une et l'autre mains ?

Il faut en convenir : le paradoxe est grand de voir dans la pauvreté, ou plutôt dans l'esprit de pauvreté, l'une des soifs de l'homme moderne. Paradoxe, certes, mais, comme souvent, vérité d'un paradoxe. Les richesses, on le sait, ne peuvent apporter à l'homme de réponse durable à sa soif instinctive de bonheur.

Paradoxe d'une soif dans une société de consommation qui, à son insu, se consume souvent d'elle-même. Mais paradoxe d'autant plus grand que, plus impérieuse est la soif, apparente, de bien-être, plus vive est celle de la pauvreté, de l'indigence, de la mendicité spirituelle. Équilibre des contraires ? Soif d'unité de l'être dans ses contradictions ?

À première vue, on peut se demander quel visage peut offrir un visage de pauvre à l'homme contemporain, souvent repu et rassasié. Ce n'est là hélas ! qu'un cliché, mais qui, comme tous les clichés, a la vie dure. Peut-être vaut-il mieux se demander en quoi se faire pauvre, être à l'écoute du pauvre, répond à une attente et mène au bonheur. Pour qu'il y ait visage, il faut que l'autre – celui qui regarde – voie en face de lui sa propre image et la reconnaisse comme telle. Tout visage, en effet, implique une identité, une reconnaissance. Or, le pauvre, précisément parce qu'il est pauvre, n'a pas d'identité propre, du moins selon les critères établis. Sans visage, sans trait particulier, le pauvre est le plus souvent un être ignoré, abandonné. Perdu dans la grisaille quotidienne, est-il même une personne ? Un objet plutôt, familier, qui, parmi d'autres objets, compose un paysage d'habitudes. Mais s'est-on suffisamment demandé pourquoi le riche, parfois égoïste, ne serait pas, lui aussi, un être sans expression, sans visage, parce qu'il ne connaît plus la soif ?

Le pauvre renvoie de lui-même une image qui n'est autre que notre propre image. Une image sans concession, dérangeante et qui, parfois, nous plonge dans une grande perplexité. Nous nous plaisons alors à l'inverser. D'homme debout, nous faisons parfois du pauvre un être définitivement prostré, rejeté, foulé. Nous faisons de lui la victime la plus innocente d'une des plus sournoises maladies du monde contemporain : la banalisation. C'est le constat que dresse, après bien d'autres, Martin Hirsch, dans son *Manifeste contre la pauvreté* : « Dans une société de confort, le pauvre, ou le faible, n'a manifestement pas sa place. Que faire de lui ? Il n'est ni capable de produire ni capable de consommer. On peut donc se passer de lui. Sans que les autres y perdent : c'est là le principal moteur de l'exclusion moderne. »

Vis-à-vis des plus démunis, notre époque, parfois soucieuse de pudeur, parle plus volontiers de fragilité, de faiblesse que de réelle pauvreté. Est-ce un signe des temps ? La pauvreté serait-elle devenue tabou ? Qu'importe le terme ! Seule compte la réalité, et l'enjeu qu'elle suscite. Si l'être fragile se réchauffe au contact d'un regard, ce regard même trouve sa joie au contact d'un feu moribond. L'étincelle jaillit souvent d'une rencontre, mais peut-être faut-il accepter d'être faible pour conjurer la nuit.

On voit poindre ici le vrai paradoxe de la pauvreté. Un rêve, en tout cas, et peut-être un idéal : si l'homme devenait riche en se faisant pauvre ? C'est la thèse de sœur Emmanuelle dans son livre : *Richesse de la pauvreté.* « Je viens de tomber par hasard », note-t-elle, « sur ces lignes écrites en 1759 à Voltaire par la marquise du Deffand : 'Tous ceux qui disent qu'on peut être heureux et bien dans la pauvreté sont des menteurs, des fous et des sots.' Or, je prétends qu'on peut être heureux et bien dans la pauvreté [...]. Serais-je donc menteuse, folle et sotte ? Le lecteur en jugera. » L'humanité a en partage l'un de ses plus grands biens : la pauvreté — cette reconnaissance, en soi, d'un manque, d'un vide, d'un appel.

Appel qu'entendit, par exemple, un Vincent de Paul dès le début du XVIIe siècle. Appel contagieux : Bossuet rencontre en 1652 Vincent de Paul lors d'une retraite prêchée à Saint-Lazare. De cette rencontre et surtout, plus tard, de sa présence assidue aux conférences de Monsieur Vincent naîtra son sermon *Sur l'éminente dignité des pauvres* (1659). Sans concession pour le riche et pour le puissant, Bossuet y lance un avertissement tout empreint de grandeur et de solennité. Il tonne et il s'enflamme. Il fustige le riche, pauvre de sa richesse même. Puis, la passion retombée, il le plaint. « Les pauvres ont leur fardeau, et les riches aussi ont le leur. Les pauvres ont leur fardeau : qui ne le sait pas ? Quand nous les voyons suer et gémir, pouvons-nous ne pas reconnaître que tant de misères pressantes sont un fardeau très pesant, dont leurs épaules sont accablées ? Mais encore que les riches marchent à leur aise, et semblent n'avoir rien qui leur pèse, sachez qu'ils ont aussi leur fardeau. Et quel est ce fardeau des riches ? Chrétiens, le pourrez-vous croire ? Ce sont leurs propres richesses. Quel [est] le fardeau des pauvres ? C'est le besoin. Quel est le fardeau des riches ? C'est l'abondance. » C'est bien un renversement de valeurs, un changement de regard que nous devons opérer. Allons plus loin. Il est permis de penser que plus on est pauvre matériellement, plus on se rend capable d'être riche spirituellement. Sans faire les choix extrêmes d'une Mère Teresa ou d'un Charles de Foucauld, ne peut-on pas chercher, en permanence, à se désencombrer de bagages inutiles qui sont autant d'entraves à notre marche ?

Il n'existe d'autre chemin, pour aimer le pauvre et s'en rendre digne, que d'accepter la contagion de son regard afin qu'en jaillisse une lumière. Car les yeux du pauvre sont parfois des puits de tendresse. Une eau de source, une eau lustrale. La pauvreté est un givre qui ne peut fondre qu'au soleil de l'amour.

Il n'est de fraternité véritable que la fraternité du cœur : celle qui gomme toutes les frontières, transperce tous les égoïsmes, réduit à néant toute considération, d'ordre social ou professionnel.

Or, s'il est un être auquel l'expression « parler cœur à cœur » convient particulièrement, c'est le pauvre. Avec lui, point d'écran, mais seulement un échange, un échange de regards, intérieurs. Pour joindre, ou pour rejoindre le pauvre en sa détresse, pour être admis en sa compagnie, c'est-à-dire admis à partager son pain, le pain de son cœur, il faut souvent déployer des trésors de patience, de tendresse, d'active discrétion. C'est que le pauvre est, avant tout, effacement dans son dénuement même. Sa seule parure : la simplicité. Son seul éclat : la grandeur. Le pauvre ne s'impose jamais. Sinon, il ne serait plus le pauvre. C'est dire combien le cœur, pour parvenir à cette rencontre, doit se dépouiller, se vider de tout ce qui l'encombre, de tout ce qui n'est pas lui. Alors, et alors seulement, le cœur peut s'agenouiller devant le pauvre. Le service du pauvre est toujours un lavement des pieds : un privilège et un honneur.

Le silence : désert ou oasis ?

Le bruit, on l'a dit, est omniprésent dans le monde contemporain, comme si l'homme, dans sa fuite en avant et, surtout, de lui-même, avait peur du silence. Davantage : l'homme, souvent, ne sait plus vivre dans le silence, qui est langage intérieur profond. Parler avec le cœur, silencieusement, plutôt qu'avec les mots : un secret peut-être perdu par l'homme d'aujourd'hui matraqué de messages et de bruits sans nombre. Conséquence : cet homme, bien souvent, ne connaît que des silences creux, vides, quand ce ne sont pas des silences gênants, inquiétants. Il ne sait plus laisser parler son cœur dans un silence gonflé d'amour. D'où ces silences qui sont des tombes, de vrais déserts du cœur, quand d'autres, fort heureusement, sont de radieux moments de ressourcement, d'apaisement, d'échange. Des oasis.

Le silence : « degré zéro » de la parole, pour reprendre une expression chère au critique Roland Barthes ? Ce n'est pas sûr, car le silence de l'homme, signe caractéristique de sa volonté, recèle en lui-même, à l'instar de son regard, un très grand mystère. Il est, en effet, des silences qui résonnent comme des coquilles vides, privés qu'ils sont de toute substance. Des silences neutres, qui n'ont pas de signification particulière et qui, pour cette raison même, sont *insignifiants.* Des silences sans écho et qui retournent à la nuit, d'où ils sont nés. Mais il existe aussi des silences pleins, qui interrogent et qui interpellent, des silences volontaires et des silences féconds. Des silences éloquents.

Le silence, d'ordinaire, n'a pas bonne presse dans le monde contemporain. Partie intégrante de l'intériorité humaine, il est même, parfois, teinté de suspicion. Valeur non monnayable, il n'est pas coté en Bourse. et, de ce fait, non soumis à fluctuations ! Fait aggravant : le silence exhale parfois un parfum rétrograde., quand il n'est pas voué aux gémonies. Non encombrant, certes, il n'est pas, non plus, très à la mode. Le silence est discret. Il ne fait pas de bruit.

Pour autant, doit-on le rayer de la carte individuelle ou collective, comme étant d'une autre époque, suranné ? Cette image, offerte par une partie non négligeable de la société contemporaine, est assurément réductrice et simplificatrice. Et, comme toujours, l'apparence peut avoir tort face à une réalité sans cesse mouvante et frappée au coin de la complexité. Les chercheurs de silence ont toujours existé et existeront toujours, au plus épais du bruit. C'est une question d'équilibre et de salubrité spirituelle.

En réalité, l'homme contemporain, parfois à son insu, a soif de silence. Une soif instinctive, qui est celle de tout homme, celui d'aujourd'hui comme celui de demain, une soif vitale et tenace. Être de fuite, contradictoirement, sa pente ne le porte que trop, aussi, à se fuir lui-même dans le bruit et tous ses satellites.

Disons-le tout net : le silence n'est pas l'ami naturel de l'homme contemporain. Mais, comme pour toute amitié, le silence se recherche, se conquiert et, en définitive, se gagne. Il y va de la qualité même du silence qui, jamais, n'est passivité mais recherche, jamais facilité mais profondeur. Le dernier mot, peut-être, du silence pour l'homme du XXIe siècle consiste à retrouver en lui ses profondes et secrètes racines qui lui livreront la clé du vrai bonheur.

Le silence, sans doute, peut attester une soif en délimitant une attente. Il peut être aussi réponse à une soif avant d'être le lieu d'un ressourcement. Le silence n'est ni bon ni mauvais en soi. Il est seulement le silence – cette zone mystérieuse du repli sur soi et de la concentration intérieure. Le silence : un espace ? Un temps ? Ni l'un ni l'autre, car il défie toutes les catégories. Riche de tous les possibles, il a une valeur sacrée et donc intemporelle. Il fuit la grisaille et la vacuité.

Recherché pour lui-même, le silence est toujours épanouissement de l'être intérieur. Mais il n'est de vrai silence qu'habité par une présence. S'il n'est pas mur ou désert, le silence peut être oasis et lumière. Le silence est aussi nécessaire à l'homme que la lumière ou l'oxygène. S'en priver, c'est parfois se vouer à l'asphyxie. Le silence est le lieu de l'inviolabilité, par excellence. Aussi ne doit-on jamais le profaner, ni même se mettre en travers de sa route, car le silence, autant que la parole, est toujours signe de fécondité. Le silence est la propriété de chacun. On peut y entrer par distraction, jamais par effraction.

On peut être taciturne sans pour autant tuer autour de soi la communication. Car communiquer avec autrui ne consiste pas à déverser sur lui des flots de paroles. Communiquer, c'est plutôt ménager en soi une poche d'air et vivre dans l'attente, c'est couler son regard dans le regard d'autrui pour y surprendre le mystère. Mieux que toute parole, c'est la profondeur et l'écho d'un certain silence qui confère à la communication humaine sa véritable valeur. Moins nous parlons de nous-mêmes, plus nous pouvons intéresser autrui en nous intéressant à lui.

Oui, la parole peut tuer le silence si elle ne ménage pas assez d'aires de repos entre les mots. Elle peut être l'ennemi du silence qui est, par nature, discrétion et attente. Le silence plein, le silence nourri et habité, gonflé, pour ainsi dire, de sympathie profonde envers autrui, assure toujours une réelle communication entre les cœurs. La parole est souvent impuissante et infirme, quand nos larmes, silencieuses, en disent toujours plus sur nous-mêmes que nos propres paroles.

Comme on boit, parfois, les paroles de quelqu'un, on devrait pouvoir aussi s'abreuver à ses silences. Tout tient alors à la qualité de la source et à sa provenance. Il y a des sources limpides comme des sources troubles, des eaux transparentes comme des eaux souillées. Il y a l'eau vive et le péril des eaux mortes. Ne plus pouvoir entendre le silence est sans doute l'une des plus grandes carences de l'homme contemporain. Le silence tourne toujours l'homme vers le haut, c'est-à-dire vers ce qui le dépasse. Entendre le silence est un bien. L'écouter, une chance et, peut-être, une grâce.

Aller à la rencontre du silence et le trouver chez les hommes ou dans la nature représente l'un des plus beaux cadeaux que l'on puisse recevoir de la création. Aller à sa rencontre pour mieux se retrouver et se ressourcer, mêler son propre silence à celui de l'immensité, au point que leur union ne fasse qu'une seule et même respiration, telle devrait être la voie de tout homme, de l'homme intérieur. La trame d'un vrai silence est faite non de monologues, souvent creux, avec soi-même mais de dialogues réguliers avec la face lumineuse de soi-même, souterrainement nourrie par la réflexion ou la méditation.

Le silence est toujours le fruit de la sagesse. Témoin ce très beau texte, trouvé en 1692 dans une vieille église de Baltimore, aux États-Unis. « Allez tranquillement parmi le vacarme et la hâte, et souvenez-vous de la paix qui peut exister dans le silence. Sans aliénation, vivez autant que possible en bons termes avec toutes personnes. Dites doucement et clairement votre vérité, et écoutez les autres, même le simple d'esprit et l'ignorant ; eux aussi ils ont leur histoire. Évitez les individus bruyants et agressifs, ils sont une vexation pour l'esprit. Ne vous comparez avec personne : vous risqueriez de devenir vains ou vaniteux. »

Et l'auteur de conclure par cet hymne au bonheur : « Dans le concert du cosmos, il est urgent d'être heureux : vous êtes un enfant de l'univers, pas moins que les arbres et les étoiles ; vous avez le droit d'être ici. Et qu'il vous soit clair ou non, l'univers se déroule sans doute comme il le devrait. Soyez en paix avec Dieu, quelle que soit votre conception de Lui, et quels que soient vos travaux et vos rêves, gardez, dans le désarroi bruyant de la vie, la paix dans votre âme. Avec toutes ses perfidies, ses besognes fastidieuses et ses rêves brisés, le monde est pourtant beau. Prenez attention. Tâchez de vivre heureux. »

LES LUMIÈRES DE L'AMOUR

Aimer. Telle une étoffe, le mot a peut-être fini par s'user. Aimer. Un de ces mots très simples – trop simples peut-être – pour exprimer une réalité qui dépasse cette simplicité même. Aimer. Le mot est universel, et sa charge affective, immense. Mais « aimer » n'est pas seulement un mot de lumière. Son emploi, très large, ne favorise guère la nuance. On aime Dieu, on aime sa femme ou son mari, on aime ses enfants, mais on aime aussi la musique, la lecture, le dessin, la promenade, le sport, et tant d'autres choses. Et tout cela s'appelle « aimer ». Il n'est rien pour quoi l'homme soit plus fait que l'amour. Mais quel amour ? Le désir d'aimer et d'être aimé répondrait-il, en lui, à une soif, un élan, un appel ? Aurait-il un but, une destination ?

L'amour est l'un des mots les plus équivoques de la langue française. Équivoque, parce que l'amour, en son fond, est le signe spécifique de la personne, le témoignage qu'elle porte en elle et sur elle, comme un vêtement, le dévoilement qu'elle fait de tout son être. Équivoque, parce que l'amour, comme on sait, peut connaître deux visages, deux mouvements totalement opposés. Il peut être élan vers le haut ou élan vers le bas, selon qu'il est, ou n'est pas, authentique. En ce sens, on peut dire que l'amour constitue la valeur existentielle d'un être parce qu'il l'identifie à l'objet même de cet amour.

Aimer est un instinct, c'est-à-dire une impulsion, une tendance innée et puissante, commune à tous les êtres vivants. Tendance irrépressible. On aime comme on a faim, comme on a soif. On a faim d'amour, on a soif d'amour. C'est un besoin naturel, instinctif, de l'être vivant. C'est en ce sens qu'on a pu dire que le corps était le plus court chemin d'une âme à une autre. Le plus court, en effet, parce que le plus immédiat, mais non, peut-être, le plus sûr et le moins dangereux.

Car l'amour, comme tout instinct, a besoin d'être maîtrisé, canalisé, orienté. Il est des instincts furieux, proches de la folie, qui peuvent aliéner et broyer l'individu ; des instincts non maîtrisés qui peuvent éclater avec la soudaineté et la fureur d'un volcan. Sublimé, l'instinct, et tout particulièrement l'instinct d'aimer, se pare de toutes les douceurs et de toutes les tendresses. « L'amour », écrivait Jacques Chardonne, « c'est beaucoup plus que l'amour ». Beaucoup plus que l'amour... Cela va très loin. Cela va même si loin qu'on parle parfois d'amour infini, d'amour sans limites. Car l'amour véritable ignore l'étendue. Son domaine est l'espace. Sa richesse est nuance et diversité. Sa palette est l'infini. Mais quelles que soient les nuances de l'amour – de l'amour véritable –, toutes ont ce privilège d'orienter celui qui aime vers la lumière. Toutes, qu'elles se nomment dépouillement, tendresse, bonté, pardon, charité. Riche, l'homme ? Certes, et riche tout particulièrement par la qualité de son amour. Sa richesse, en effet, c'est ce qui lui permet, au cœur de sa nuit, de croire à l'aurore, c'est qu'il peut toujours, s'il le veut, transformer l'amour de soi en amour des autres, le don matériel en don de la personne, une trop facile commisération en authentique charité.

Lumière tamisée, lumière discrète que celle de l'amour chanté par le poète Marie Noël. Lumière du dépouillement intérieur. « Rien n'est vrai que d'aimer », fredonne-t-elle en *mineur.* Alors que l'intelligence a parfois tendance à se replier sur elle-même dans sa soif de connaissance, l'amour, lui, est don de soi. Il est à la racine même de l'être. Il le signe tout entier. Il est vrai, d'une vérité indubitable : intérieure, vécue. Réduite à elle-même, l'intelligence peut contracter le cœur. L'amour, qui est tout dilatation, jamais.

D'ailleurs, seuls les poètes savent vraiment parler de l'amour, car seuls ils en perçoivent le suc et le mystère. Ainsi Jean de la Croix qui, dès le XVIe siècle, se hasarde à écrire :

« L'amour est un je ne sais quoi,
Qui vient je ne sais d'où,
Qui entre je ne sais par où
Et donne la mort je ne sais comment.
C'est une touche délicate
Qui frappe sans faire de bruit
Et parfois prive de sens
Sans qu'on sente comment elle est produite.
Et sans qu'on sache comment cela s'est passé,
Elle se meut on ne sait vers quel but. »

Vouloir tout définir, c'est s'exposer à ne rien définir. Ainsi de l'amour, rebelle à toute définition. Car l'amour, dans son origine comme dans sa finalité, porte le sceau d'une réalité qui le dépasse. Définir l'amour, c'est le racornir. On ne définit pas l'amour. On le vit, dans le respect et la tendresse, dans l'écoute et l'identification progressive à la personnalité de l'autre. Vivre d'amour : qu'est-ce au juste ? Peut-être garder en soi-même un grand trésor en un vase mortel. L'amour peut être cendre après avoir été brasier. C'est alors qu'il faut nourrir et attiser le feu pour qu'il redevienne lui-même : flamme et lumière dans la nuit.

L'amour est souvent à lui-même sa propre énigme.

On aime souvent en l'autre ce qu'on n'a pas soi-même et que l'on voudrait avoir, ce qu'on n'est pas soi-même et que l'on voudrait être. Davantage : on hait parfois ce que l'on aime et on le hait d'autant plus qu'on l'aime davantage. Un tel amour est faussé dans son essence, car il est totalement dénaturé.

Or, l'amour, quand il n'est pas détourné de sa route, quand il n'est pas dévoyé, est certainement la plus noble et la plus belle aspiration de l'homme. Aspiration pour laquelle il est bon et beau de vivre sa vie, voire de la donner ou même de la sacrifier, c'est-à-dire d'en faire une chose sainte et sacrée. Ainsi a-t-on pu écrire : « On peut trouver des raisons d'aimer, mais pas de raisons à l'amour. »

Indéfinissable comme toute réalité mystérieuse, l'amour ne se comprend peut-être jamais mieux qu'éclairé dans ses différentes facettes, dans ses différentes variations. La tendresse est l'une d'elles. Et c'est à elle qu'il faut sans cesse revenir pour régler, orienter, animer ses rapports non seulement avec ses proches mais avec tous. Car la tendresse n'est rien d'autre que la compréhension habitée par l'amour. C'est un mot de lumière sur un chemin d'ombre et de ténèbres.

Si, plus qu'un art de vivre, la simplicité est à la racine même du bonheur individuel, la tendresse, elle, est la condition de ce bonheur que l'homme tend à réaliser en soi et autour de soi. Il importe de ne jamais marchander sa tendresse, car elle est le signe, en l'homme, non de sa faiblesse mais de sa profonde humanité. La tendresse est inséparable de la paix, du bonheur intérieur. Elle est un havre et un rempart contre les tempêtes de la vie.

Et la bonté, quant à elle, n'est rien d'autre que le reflet de la tendresse qui l'habite. La bonté est la beauté du cœur. En elle nulle passion, mais la sérénité et le calme d'une belle aurore, chargée de belles promesses. Elle est cette attention portée plus particulièrement au plus fragile, au plus faible.

« Ne regarde pas la figure,
Jeune fille, regarde le cœur.
Le cœur d'un beau jeune homme est souvent difforme.
Il y a des cœurs où l'amour ne se conserve pas. »

Il faut toute la délicatesse de Hugo, et tout son talent, pour écrire ces vers sans apprêt, soufflés à Quasimodo dans *Notre-Dame de Paris*.

La bonté, certes, est une vertu et, de toutes, peut-être la plus noble et la plus précieuse. Elle reste, cependant, une vertu à visage humain, si l'on peut dire. Car il en existe une, plus belle encore, plus noble et plus haute. Une vertu qui est comme le superlatif de la bonté. C'est la charité. La charité, c'est la fine fleur de la bonté. C'est la bonté portée à sa perfection. C'est la bonté, surtout, consciente d'elle-même, et qui, loin de tirer parti de cette prise de conscience, est, au contraire, tout humilité et disponibilité.

Aimer, c'est aussi agir par amour de l'amour. Gratuitement. Le don devrait toujours pouvoir se passer de paroles, tant il se suffit à lui-même. Car la parole, souvent, alourdit le don, et « la façon de donner vaut mieux que ce qu'on donne », disait Corneille dans *Le Menteur.* Une vie n'a de prix que dans l'échange et dans le don. Un don aux mille formes, de la plus matérielle à la plus spirituelle. Et quand l'homme ne peut plus rien faire, il peut encore aimer, c'est-à-dire offrir. Car l'offrande est la forme suprême de l'amour. Elle peut tout. Plus qu'une promesse d'aurore, le don est sa concrétisation, son actualisation. Aurore ? Pas uniquement, car l'amour, comme don, peut aussi être un feu. On n'éclaire qu'en brûlant, qu'en se consumant.

Car donner, sans se donner, est-ce encore donner ? Donner, c'est bien. Se donner, c'est beaucoup. Pardonner, c'est tout. Faire germer en soi la graine du pardon, la faire fleurir et s'épanouir sur le sol aride de l'existence, la sauvegarder contre vents et marées, éviter l'étiolement : vaste programme. Programme à renouveler sans cesse par d'impatients jardiniers. Pardonner, c'est multiplier le don en lui donnant sa valeur superlative de don. Et le pardon est d'autant plus grand qu'il est immédiat, spontané. Un pardon sans retardement, sans condition, sans reddition. Car une trop grande réflexion peut tuer un pardon. Or, le pardon ne se marchande pas, ne se troque pas. Sinon, il n'est plus le pardon. Pardonner au bénéfice du doute. Fleur austère mais non dépourvue de noblesse, le pardon, toujours, libère et grandit. Il purifie. Il irrigue le cœur. C'est aussi l'une des rares auberges de l'âme. Le pardon peut fatiguer l'esprit mais détend toujours les ressorts de l'âme.

La forme la plus épurée, la plus spirituelle de l'amour, est certainement la charité. Avec elle, la haine perd du terrain, tandis que la justice en gagne. Avec elle, la paix tend les mains et le monde quitte les ténèbres pour connaître la lumière. Mais ne confondons pas charité et commisération qui sont deux réalités aux antipodes l'une de l'autre. Détournée de son vrai sens, qui est la compassion, la commisération peut devenir caricature de la vraie charité. On *fait* la charité, trouvant ainsi, trop souvent, dans cet acte intéressé, matière à satisfaction. Cette forme de commisération, viciée dans son principe même, instaure toujours un rapport d'inégalité entre deux êtres, pourtant égaux de nature : celui qui en fait montre et celui qui en est victime.

La charité, elle, traite d'égal à égal, gommant toute frontière. Et le langage courant traduit bien cette pseudo-supériorité qui ne se nourrit que d'elle-même – supériorité souvent inconsciente à l'égard de la personne censée bénéficier de cette soi-disant sollicitude. On *prend* l'autre en commisération, en pitié, c'est-à-dire qu'on se l'approprie, comme on s'approprierait n'importe quel objet proposé à son regard. L'autre devient ainsi une possession. Il ne s'appartient plus à lui-même, dépossédé qu'il est de son identité, de sa personnalité. Il est aliéné. Il devient chose, il devient nôtre, tandis que nous pouvons, en toute quiétude, nous reposer sur le mol oreiller de notre bonne conscience. Cette commisération-là n'est qu'atrophie, maladie du cœur.

Observons qu'une morale toute laïque peut proposer une vision très juste, quoique profane, de la charité. Ainsi d'Alain, dans ses *Propos sur le bonheur* : « Être bon avec les autres et avec soi. Les aider à vivre, s'aider soi-même à vivre, voilà la vraie charité. La bonté est joie. L'amour est joie. » La vraie charité. Ses effets sont souvent physiques. L'exerçant, l'homme se sent plus léger, plus dispos, plus en paix avec lui-même et avec le monde. Il se sent réconcilié avec lui-même et comme visité par une lumière venue d'ailleurs. Il quitte ses habits de grisaille pour des habits de lumière. Le véritable amour : aimer plus ? Non. Aimer mieux.

L'ÉCLAT DE LA VÉRITÉ

Veritas, la vérité. C'est la devise des dominicains. Or, il faut reconnaître que la vérité ne s'est sans doute jamais aussi mal portée qu'à notre époque, malmenée qu'elle est, entre autres, par le relativisme ambiant. Il y a d'ailleurs plusieurs manières d'altérer la vérité, comme il y a, pour la tuer, plusieurs angles d'attaque. Une attaque frontale qui est aussi l'une des plus répandues : le mensonge. Une attaque plus sournoise, oblique, et qui n'est pas la moins perverse : la langue de bois. C'est la langue feutrée par excellence, qui craint, avant tout, de voir la vérité se retourner contre elle.

Depuis que le monde est monde et que le ver du mensonge a commencé de ronger la pomme originelle, la vérité chez l'homme et, plus globalement, la vérité universelle ont reçu leur premier coup, leur premier assaut. La source du bonheur souillée, le monde s'en est trouvé faussé, vicié.

« Qu'est-ce que la vérité ? » On connaît l'interrogation désabusée et sceptique de Pilate. L'interrogation n'était pas neuve mais, sans doute, ce jour-là, devint-elle clairement formulée par une conscience d'homme. Clairement, parce qu'auparavant – et cela depuis la nuit des temps –, l'homme, en lui-même, n'a jamais cessé de chercher la vérité.

Qu'est-ce que la vérité ? Depuis Pilate, l'interrogation n'a cessé d'habiter la conscience de l'humanité. Interrogation universelle et qui concerne tous les âges. Interrogation qui accompagne les balbutiements inquiets de l'enfant (« Dis-moi pour de vrai ») et qui s'achève dans le murmure inarticulé du vieillard au seuil de la mort. Question aussi vieille que l'humanité, partagée, depuis ses origines, entre vérité et mensonge.

Devrait-il n'y avoir sur terre qu'une dialectique, celle-là, assurément, l'emporterait sur toutes les autres. Oui ou non, la vérité est-elle à notre portée, depuis que le mensonge s'est insinué en nous ?

Qu'est-ce que la vérité ? Question éternelle. Question posée et restée à jamais sans réponse. Question, sans doute, la plus importante qu'ait posée et que se pose encore l'humanité. Question aux origines du monde sans qu'elle soit, pour autant, éludée par l'homme. Question fondamentale, parce qu'elle conditionne toutes les autres. Si la vérité existe, ma vie a un sens. Mais si elle n'existe pas, ma vie n'en a pas. Question à l'origine du scepticisme moderne et qui alimente la conscience parfois désabusée de nombre de nos contemporains, errant sous un ciel vide. Question sincère, aussi, très souvent, et pathétique. Question toujours saine, en tout cas, car elle prévient, en l'homme, tout assoupissement.

Qu'est-ce que la vérité ? Nous ne saurons jamais sur quel ton Pilate a posé cette question à Jésus. Mais si l'énigme, sur ce point, reste entière, le contenu de la formulation, lui, ne souffre aucune ambiguïté. Contenu d'une permanente actualité. Question qui ravive toujours, en l'homme, sa soif incessante de questionnement face à sa vie et à sa destinée. Pour l'homme qui tâtonne et qui, toujours, tâtonnera dans sa nuit, la question de la vérité demeure *la* question. Dans l'histoire de l'humanité, aucune interrogation n'est peut-être plus pressante, aucun appel plus urgent, aucune angoisse plus féconde.

Or, la vérité a une vertu (ou un défaut ?) majeure : elle dérange. Veut-on la bâillonner, la voici qui hurle de plus belle. On peut enchaîner des dissidents mais non la dissidence. On peut enchaîner le corps, mais non l'esprit, qui a pour étendard la vérité. On connaît, à ce sujet, le destin tragique d'Anna Politkovskaïa, journaliste russe travaillant pour *Novaia Gazeta*, publication indépendante, et sauvagement assassinée à Moscou le 7 octobre 2006. Sa couverture, objective, mais sans concession pour le pouvoir, du conflit tchétchène, en a fait la cible du Kremlin. Après bien d'autres dissidents, les balles ont sifflé pour elle à l'automne 2006. Face à un tsarisme renaissant, elle était la lumière de tout un peuple, sa flamme et sa conscience. Une boussole aussi dans un pays qui a perdu le sens de la vérité. Elle était la voix des sans-voix, la dernière peut-être de toutes celles qui, avant elle, avaient eu le courage de traquer la vérité et de la dire à la face de la Russie et du monde.

Anna Politkovskaïa s'est tue. Sa voix se confond désormais avec nombre de celles qui, comme la sienne, demeurent englouties dans les cimetières de la *glasnost*, de l'ouverture, de la transparence… Mensonge, haine, tyrannie, lâcheté, bref le mal constitue une menace permanente pour l'homme. C'est le règne de la peste – de la peste intérieure – si violemment dénoncé par Camus dans le roman du même nom. N'en doutons pas : ce mal-là est un mal collectif, qui sévit malheureusement en bien des points de la planète. Un mal qui a la vie dure. Épris de vérité, les journalistes en savent quelque chose. Toute vérité n'est pas bonne à dire. Gare à celui qui s'en croit propriétaire ! Gare aux dissidents de tout poil qui se hasarderaient à dire ce qu'ils pensent de régimes officiellement débarrassés du communisme mais en réalité en proie au pire des totalitarismes : totalitarisme de l'arbitraire sur lequel poussent tous les excès et toutes les dérives.

Face à la relativité des choses humaines, l'homme, infatigable guetteur de sens, a souvent l'intuition intérieure de la vérité. Davantage : être pensant, il a, en lui, la passion de la vérité. Passion d'un La Rochefoucauld qui fait graver, en frontispice de ses *Maximes* : « L'Amour de la Vérité ». Passion d'un La Fontaine et surtout d'un Pascal qui, tout au long de ses *Provinciales*, brandit le glaive de la vérité. Passion, c'est-à-dire, au sens propre du terme, souffrance pour la vérité qui habite et finit par consumer un Gandhi, une Simone Weil, un Soljenitsyne. Du berceau à la tombe, tous éprouvent la même passion, le même « zèle de la vérité », comme l'écrivait La Bruyère. L'interrogation traverse tous les âges comme toutes les conditions, toutes les cultures comme toutes les civilisations.

Et il est bon parfois d'écouter l'avis d'un agnostique, pour se forger une idée, aussi exacte que possible, de la vérité. Ainsi d'André Gide qui incite, non sans raison, à ne pas confondre vérité et amour de la vérité : « L'amour de la vérité n'est pas le besoin de certitude [...]. L'on peut aimer la vérité d'autant plus que l'on ne croit pas pouvoir atteindre jamais à un absolu vers lequel pourtant cette vérité fragmentaire nous achemine. »

C'est que le monde qui nous entoure et que nous appelons, pour plus de commodité, le monde réel, n'est que l'ombre de la vérité. Il n'en est que le vêtement et la gangue. Platon l'a dit magnifiquement le premier et seul un poète philosophe, comme lui, pouvait, dans son intuition d'un au-delà terrestre, trouver des accents propres à nous en persuader. La vérité est comme le soleil : nul ne peut la fixer sans en être aveuglé. De même, ne sommes-nous, aussi, que l'enveloppe de notre être véritable.

Nous sommes des êtres d'apparence, au double sens du terme. Superficiels, certes, nous le sommes, et inconsistants et légers, mais surtout, fondamentalement, des êtres de surface, à la recherche d'une patrie perdue. Des égarés. Notre enveloppe corporelle vient-elle à se froisser par la maladie ou à se déchirer par la mort, apparaît alors, en pleine lumière, l'envers du décor : notre vérité, nue. La vérité d'une autre vie. D'une vie autre. Et parce que nous vivons dans un monde d'apparences, nous nous trompons souvent sur nous-mêmes et sur les autres. Parce que nous vivons dans un monde tronqué, amputé de la vérité, nous sommes condamnés à ne jamais connaître qu'une partie de nous-mêmes, des autres, du monde.

Notre expérience devrait nous conduire à une très grande lucidité, à une très grande humilité vis-à-vis de nous-mêmes. Sur terre, en effet, il n'est de vérités que relatives. Face à l'inaccessible, l'homme, invinciblement attiré par les extrêmes, ignore souvent que la vérité – sa vérité – est liée à la vertu de modération. Et chez lui, la soif de vérité, constitutive de sa nature même, se confond avec sa soif de perfection. Mais il se trouve que paradoxalement cette soif n'a d'autre issue que celle de la mesure. La voie médiane, voie apparemment terne et sans relief, contient ainsi en germe la vérité et y conduit. « Ce n'est point ici le pays de la vérité », constate Pascal, « elle erre inconnue parmi les hommes. »

Il faut tendre toujours à la vérité, par-delà l'horizon humain. Notre point de vue, trop souvent exclusif, fait la part trop belle à la vérité individuelle. Chacun ici-bas croit détenir la vérité, sa vérité, alors même qu'elle ne peut être que fragmentaire. Il manque souvent à l'homme l'humble reconnaissance d'une dimension verticale, transcendante, de la vie, qui est la reconnaissance, en soi, d'un appel de l'au-delà, avec son inévitable corollaire : un élan vers le sublime. Chacun ici-bas a sa vérité. Toute la difficulté consiste à éviter à ces différents foyers d'incandescence potentielle que constitue l'humanité un embrasement destructeur. La soif personnelle du vrai passe par une nécessaire humilité devant le vrai éternel qui absorbe et qui gomme toutes les vérités individuelles.

On peut penser que la vérité possède, d'une certaine manière, une réalité objective, celle qui existe en dehors de soi. En ce sens, la vérité n'est ni maniable ni extensible, et la liberté véritable consiste à ne pas être libre de mais à être libre *pour*. Libre *de* faire ce que je veux ? Non. Libre *pour* aimer et construire mon bonheur ? Oui.

Le monde contemporain serait-il un désert de sens ? Certains esprits chagrins voudraient s'en persuader, quand d'autres le nient fortement. Il existe, en effet, une spiritualité de la vérité comme il existe une spiritualité de la beauté : toutes les grandes intuitions de l'âme humaine ont ainsi, par leur nature même, un sens, une direction.

On parle parfois, chez nos contemporains, de « l'obscurcissement lent de l'invisible », comme si la sécularisation ambiante gagnait de plus en plus de terrain. « L'homme moderne a un point aveugle sur sa rétine », tonnait déjà Romano Guardini au début du siècle dernier. Et il est vrai que le monde contemporain connaît une crise de la vérité. Pourtant – et ce n'est pas le moindre paradoxe –, ce monde connaît une véritable soif de vérité. Grand est l'enjeu, car une culture de la transparence totale peut apparaître comme irréaliste, inaccessible et, en définitive, utopique. Cette culture peut tout simplement dissuader l'homme d'être vrai, comme le pensait, dès le XIVe siècle, Maître Eckhart.

Le mensonge sape le fondement même de toute communication humaine parce qu'il tue, dans l'œuf, tout désir de vérité. Il est la plus sournoise des pollutions parce qu'il s'attaque à la racine même de l'être. L'homme contemporain connaît une crise d'identité. Face au bruit qui le harcèle sans relâche, face aux marchands d'illusion qui le sollicitent de toutes parts, une culture de la vérité pourrait amener l'homme à ouvrir les yeux sur lui-même et sur le monde.

Vérité : un mot qui ne devrait souffrir aucune ambiguïté. Mot pourtant bien mis à mal, tant la vérité se trouve souvent brocardée, travestie, défigurée. Peut-être d'ailleurs n'a-t-on jamais aussi bien menti qu'à notre époque, en tous domaines comme à tous niveaux ! Non-dits, faux-fuyants, mensonges avérés ou, pire, maquillés, composent souvent le paysage d'une certaine hypocrisie moderne. Seule une attention sereine aux êtres et aux choses prédispose à recevoir la vérité. L'homme contemporain vit « l'ère du soupçon », pour reprendre l'expression de l'écrivain Nathalie Sarraute. Il vit dans la méfiance, laissant souvent le parler vrai au magasin des accessoires.

Beauté et vérité sont les deux poumons de notre être spirituel. La quête de la vérité par l'art est certainement l'une des voies royales de la perfection, car elle permet de toucher, même fugitivement, une pureté qui sans cesse se dérobe à nos prises. Épris de beauté, l'artiste cherche toujours, consciemment ou non, à atteindre une vérité qui le dépasse, *la* Vérité. Et ce qui n'est que mirage aux yeux de bien des hommes devient, grâce à son génie, révélation de la Vérité. Ainsi en est-il de ces « phares » dont parle Baudelaire, de ces génies qui éclairent l'humanité dans sa nuit.

La vérité mise en œuvre par l'artiste dépasse toujours sa vérité personnelle. Elle le hisse au sommet de lui-même. Et dans le combat que l'artiste doit livrer, en lui, à l'homme qu'il demeure, c'est toujours l'artiste qui a le dernier mot. L'art grandit toujours l'homme et l'ennoblit. Certes, personne ne saurait oublier, par exemple, la détresse intérieure d'un Verlaine. Mais cette détresse même, en recevant de son génie le stigmate de la beauté, y rencontre un autre stigmate : celui de la vérité. L'homme Verlaine s'efface devant la vérité de *Sagesse*. Telle est la vérité de l'œuvre d'art.

Or, il existe une écriture de la vérité qui est moins une écriture de l'esprit qu'une écriture du cœur. C'est une écriture de lumière et de simplicité, qui va toujours droit au but. En toute chose, la vérité émet un son clair qui ne saurait tromper. C'est la caractéristique des très grands. Leur style est si simple qu'il semble facilement imitable. Il est, en réalité, si complexe qu'il n'autorise aucune copie, sauf celle qui souligne le trait et peut verser, à tout instant, dans la caricature La vérité de la vie, c'est la simplicité de la vie.

C'est toujours à la vérité qu'il faut, en définitive, revenir, tant sa quête taraude l'homme tout au long de sa vie. Quête qui sous-tend toutes les autres. Vérité de l'être individuel, dans sa façon de penser, de vivre, d'agir, mais vérité, aussi, de l'être social, dans sa conduite à l'égard d'autrui. À quoi bon les honneurs, l'argent, la gloire, au prix de la vérité ? Le salaire de la gloire est vanité, celui de la vérité, plénitude de bonheur.

On sait que le Beau, le Bon, le Vrai étaient les trois Idées – les trois essences absolues, éternelles – du monde platonicien. Trois Idées indissociables, formant une authentique trinité. Trois variations interdépendantes, aussi, de la quête du bonheur. Que seraient, ainsi, le Beau et le Bon sans l'existence du Vrai ? Des Idées tournoyant dans un ciel vide, sans réel point d'ancrage. Car c'est le Vrai – et le Vrai seul – qui permet à l'homme, dans sa quête d'absolu, de savoir ce qui est fondamentalement beau et bon.

Une soif intérieure de vérité est une précieuse boussole sur le chemin incertain de la vie. Une boussole qui lui donne *sens*, direction. Non détourné de sa route, le cœur humain ne connaît pas alors d'autre orientation.

Encore un mot

« *Sit finis libri, non finis quaerendi.* » Fin du livre, non de la quête. Ce sont les mots de Thomas Merton à la fin d'*Elected silence.* La nappe qui alimente le puits de la vie se renouvelle sans cesse, et l'homme n'a pas trop de son existence terrestre pour le forer, le forer sans cesse, afin d'y trouver la source qui l'apaise.

Est-ce un désir, une quête, une soif ? Qu'importe, si la réalité suggérée est toujours la même : réponse à un appel, tentative de dépassement de soi, apprivoisement temporaire du bonheur. Car, en définitive, c'est bien de lui qu'il s'agit. Puisque l'homme reste le plus souvent insatisfait devant le réel, puisqu'une mosaïque d'instants ne saurait, par nature, tisser durablement le bonheur, du moins peut-il, timidement, côtoyer l'éternité, faute de l'épouser pleinement.

Il existe des remèdes au désir mais non de guérison, et c'est peut-être mieux ainsi. Chacun est à soi-même son propre médecin. Il n'existe pas de thérapie unique de la soif, car la soif est multiple et universelle. Comme dans toute bonne médecine, il serait bon d'en rechercher les causes. Parmi elles, peut-être, et tapissant le fond de la condition humaine, la conscience, celle de ses propres limites. De leur reconnaissance, ou non, par l'homme, dépendent finalement l'orientation de sa vie et le fil de son destin. Que l'homme accepte ses limites, et rien sur sa route ne s'oppose à son grandissement. Qu'il les refuse, et voici, tôt ou tard, une impasse et un mur se dressant sur son chemin. L'acceptation de soi conduit, en effet, le plus souvent à la lumière, et le refus, à la nuit.

La beauté, quelle qu'elle soit, est souvent cette lumière qui balise une route non exempte, pourtant, d'obstacles ni d'embûches. La beauté est souvent là, toute proche, si du moins l'homme veut bien se donner la peine de la voir. Ses traits sont divers. De la nature elle tire ses plus grands charmes, comme de l'art ses plus belles parures. La beauté est multiple et pourtant unique. Unique dans ses effets, car, à l'instar de la bonté et de la vérité, elle répond à une soif et, en même temps qu'elle l'apaise, l'attise. « Davantage », murmure inlassablement l'assoiffé. Et c'est ici que nous touchons à l'ambiguïté même du désir qui, mal orienté, mal canalisé, peut être à soi-même son propre malheur. Réflexe sain d'un organisme physique ou spirituel, la soif peut, dans les réponses apportées par l'homme, causer sa déchéance ou sa mort. Si, consciente d'elle-même et de ses limites, elle engendre souvent le don de soi, elle peut aussi, gorgée de haine, semer sang et terreur autour d'elle.

Illimité, le compas de la soif est aussi, est surtout le compas de l'ambivalence. Tout est permis quand on a soif : un accès de folie ou un élan de bonté, une chute vers l'horreur ou un rendez-vous avec la beauté. C'est que l'espace de la soif est, avant tout, un espace de liberté où l'homme, incessamment, se trouve confronté à ses choix et à ses actes, quand ce n'est pas à ses devoirs. L'homme est tissé de grandeur et de misère.

Ainsi se trouve posée l'inévitable question du bonheur humain. Le bonheur… Où donc le situer ici-bas ? Dans la reconnaissance sereine de nos soifs ? Dans la saine revendication de nos désirs ? Dans le dépassement de nous-mêmes et de nos limites ? Dans l'humble acceptation du réel ? Probablement dans tout cela à la fois, car il y a en l'homme un mouvement pendulaire de la soif, une dialectique de la soif.

L'homme heureux est-il celui qui s'attache au réel ou celui qui s'en détache ? Et s'il y a attachement, attachement à qui et à quoi ? S'il y a détachement, détachement de qui et de quoi ? À vrai dire, l'existence humaine se plie moins à des réponses qu'à des interrogations sur le pourquoi et le comment de la vie, sur le pourquoi et le comment de la création. Elle oscille moins autour d'un *ou*, qui amputerait sa liberté, qu'autour d'un *et*, qui la féconde. Attachement et détachement – ou *vice versa* –, vécus contradictoirement et pleinement assumés, au regard de notre condition. Noblesse d'un choix dans la reconnaissance, pleine et entière, d'une direction à suivre, d'un chemin à parcourir, d'un port à trouver. Mouvement pendulaire qui, tantôt oscille du côté de la créature, tantôt du côté du Créateur. L'esprit humain est ce métronome qui règle le cours de nos pensées et de nos actions.

L'homme, l'homme sincère envers lui-même, est ainsi fait qu'il portera toujours en lui le feu de la soif. Nous sommes un, quoique doubles. Et plus nous cherchons à éteindre le feu qui nous habite, plus ce feu gagne en nous, en surface et en intensité. Le Beau peut devenir mirage, mirage de la Vérité. C'est l'un de ses dangers. La soif, en effet, n'a d'autre remède que son dépassement, c'est-à-dire, en définitive, son acceptation. Elle implique toujours qu'on s'agenouille devant son objet, Dieu ou idole. Devant Dieu, l'homme qui s'abaisse grandit. Devant l'idole, l'homme qui croit grandir s'abaisse. L'humilité est le seul palliatif de la soif.

Or, seul celui qui parvient à transcender sa soif en l'assumant pleinement, peut entonner un véritable hymne d'humilité à la création. Le Petit Pauvre d'Assise dépasse le créé pour se fondre dans le Créateur. Il ne se conçoit pas un instant comme l'écho désolé d'une coquille vide mais comme celui, multiplié, d'une splendeur à peine visible.

Une *pensée* de Pascal, un dessin de Rembrandt, un *largo* de Haendel comblent provisoirement en l'homme une béance native. Ils la visitent et ils l'habitent en lui communiquant la chaleur de leurs rayons. Étanchement de la soif, mais aussi, et parfois simultanément, creusement et approfondissement de cette soif. Tel est le paradoxe et le tragique de la soif humaine : plus réussi semble l'étanchement du désir et plus haut s'élève, comme fouettée par cet étanchement même, la flamme du désir. Le créé, toujours, tisonne le désir, comme pour mieux l'inciter à trouver en lui-même les voies d'un dépassement qui le transfigure. Si le sens d'une vie peut être assez bien défini, son horizon, lui, tremble souvent d'une lumière indécise, instable, chaotique. Il ne reste alors à l'homme que de s'abîmer en lui-même pour tenter d'y trouver, comme ultime réponse à sa soif, cette perle sans prix : la sagesse du cœur.

Noble idéal certes, mais tâche ardue. Sur l'axe du temps, espoirs et retombées humaines s'entrechoquent et se télescopent à la vitesse de l'éclair. L'homme avance, soulevé par son désir mais ralenti dans sa marche par un désir qui ne cesse de hoqueter. La nuit est là, tapie au fond de lui. L'homme y cherche à tâtons ses marques, ses repères. Des ombres s'y déplacent, menaçantes. Le mal, multiforme, tend à imposer sa présence. Que faire face à sa puissance, rampante, au cœur de la destinée humaine ? Il avance, mais trouve sur son passage un adversaire à sa taille, un adversaire résolu, entêté : la vie. La vie et toute sa noblesse. La vie et toutes ses richesses, ses beautés, ses espoirs. Voici rétablis l'ordre du monde et l'équilibre de la création. L'homme se prend à espérer à nouveau, à aimer. Place à l'aurore.

Une aurore qui naît chaque fois que l'homme cherche à se désencombrer de lui-même au sein de ce désert de sens qu'est parfois devenu pour lui le monde contemporain. Faire fleurir ce désert, telle est sa tâche. Elle est immense, comme sont immenses ses espoirs, immense son espérance. Oui, les raisons d'espérer ne manquent pas. Les soifs abondent. La terre est prête pour les semailles. Les graines sont là. Plantons-les vite. Que le grain meure ! Que surgisse la vie ! Place à l'aurore.

Le réel sourit. Il regorge de merveilles. Sourions-leur. Aimons-les. Admirons-les. Le Beau nous fascine, nous enchante. Laissons-nous fasciner par lui. Place à l'aurore. D'un bout à l'autre de la planète, voici que sourd une véritable soif de sens, une impatience de beauté. C'est plutôt bon signe – le signe qu'après la nuit surgit inéluctablement l'aurore. Voici le cycle de l'éternel retour.

Faire fleurir le désert : le propos est courageux, sinon utopique… Et il est vrai qu'il ne peut guère se concevoir sans une véritable révolution du cœur : l'aurore ne peut briller que si, d'abord, brille en nous l'étincelle du regard à destination de l'autre, et surtout du plus fragile. Regard de bienveillance et de tendresse. Telle est la beauté du cœur, dont le terreau est le silence et les fleurs, l'amour. Place à l'aurore, l'aurore de la vérité, même si l'homme doit encore traverser beaucoup de nuits avant de voir trembloter ses premières lueurs.

TABLE DES MATIÈRES

Cet ouvrage a été imprimé
en octobre 2011

FIRMIN-DIDOT

27650 Mesnil-sur-l'Estrée
N° d'impression : 107797
Dépôt légal : octobre 2011

Imprimé en France

91, rue du maréchal Juin
49000 Angers
Dépôt légal, second semestre 2011
ISBN 978-2-95252-524-4